Fox/Spiegel
IMAGINATION!

Für alle, die nicht Opfer, sondern Gestalter
ihrer Zukunft sein wollen.

IMAGINATION

Und alles Mögliche wird möglich

von

RÜDIGER FOX
und
PETER SPIEGEL

VERLAG FRANZ VAHLEN MÜNCHEN

vahlen.de

ISBN Print: 978 3 8006 7030 7
ISBN E-Book (ePDF): 978 3 8006 7031 4

Wilhelmstraße 9, 80801 München
Druck und Bindung: Beltz Grafische Betriebe GmbH,
Am Fliegerhorst 8, 99947 Bad Langensalza

Illustrationen im Innenteil: Sabine Penz (alle Illustrationen an den Kapitelanfängen), Mey Sarah Spiegel (zwei Illustrationen in den Kapiteln 1 und 3)
Satz: Fotosatz Buck,
Zweikirchener Straße 7, 84036 Kumhausen
Produktion: Sieveking Agentur, München
Umschlag: Julia Corona, Spreadwings, 83083 Riedering
Bildnachweis: Julia Corona

www.vahlen.de/nachhaltig

Gedruckt auf säurefreiem, alterungsbeständigem Papier
(gebleicht aus chlorfrei gebleichtem Zellstoff)

INHALT

ÜBER DIE AUTOREN

Dr. Rüdiger Fox ist seit über 30 Jahren als CEO erfahrener Krisenmanager und innovativer Umdenker für mittlere und große Unternehmen in den Branchen Luft- und Raumfahrt, Telekommunikation, Textil und Technik/Innovation. Als Luft- und Raumfahrtingenieur und Betriebswirt hat er sein Leben lang nach den entscheidenden Puzzlestücken für eine nachhaltige, humane und erfolgreiche Wirtschaft für das 21. Jahrhundert geforscht und promovierte zum Thema »Gross Corporate Happiness«. Sein Ansatz, um Unternehmen in existenziellen Krisen zu erfolgreichen Marktteilnehmern umzubauen, beruht auf einem starken Glauben an die Kraft einer hohen

Mitarbeitermotivation und einer gemeinsamen Unternehmensseele, die die Bedürfnisse der größeren sozialen und ökologischen Systeme anerkennt.

Im Jahr 2005 wurde er in New York mit dem »Spirit at Work«-Preis für seine humanzentrierte Restrukturierungsarbeit ausgezeichnet. Im Jahr 2020 erhielt er den prestigeträchtigen Planetary Consciousness Award des Club of Budapest. Sein Buch »Bionische Unternehmensführung« wurde 2017 veröffentlicht (Springer / eBook). Im Jahr 2019 werden seine Ideen Teil einer von Springer herausgegebenen Zusammenstellung der innovativsten Denker zum Thema Nachhaltigkeit. 2021 veröffentlichte er sein neuestes Buch »Der 0,1-Prozent-Joker – Wie wir unsere Freiheit zurückgewinnen und nebenbei die Welt retten« (Murmann), in dem er die Auffassung vertritt, dass die Fähigkeit zu Spielen die wesentliche Erfolgskompetenz des 21. Jahrhunderts ist.

Peter Spiegel entschied sich bereits als Jugendlicher für einen Lebensweg des eigenen Austestens, was mit der menschlichen Vorstellungskraft alles möglich werden kann. Bis zur 11. Schulklasse noch »staatlich geprüfter Totalversager in Sachen Lesen und Schreiben« wandelte er dies zur Autoren- und Herausgeberschaft von zwischenzeitlich 40 Publikationen, von denen einige zu Standardwerken wurden. Zuletzt beispielsweise das »Future Skills« Praxisbuch, das er mit 69 führenden Wissenschaftlern und Praktikerinnen realisierte und das OECD-Bildungs- und Innovationsdirektor Andreas Schleicher als »einzigartig« bezeichnete.

Er führte als Generalsekretär den internationalen Thinktank »Club of Budapest«, dem die angesehensten Visionäre des 20. und 21. Jahrhunderts angehören von Michail Gorbatschow über Muhammad Yunus bis zum Dalai Lama.Als Zukunftsforscher und Gründer des WeQ Institutes entdeckte er den »WeQ Metatrend« hinter einer grundlegend neuen Generation von Trends wie Open Source, Co-Working Spaces oder Social Innovations, die sich durch eine neue Qualität von gesamtsystemischem Denken und kollaborativem statt kompetitivem Handeln auszeichnen. Und er engagierte und engagiert sich serienweise als Initiator und Ökosystem-Mitaufbauer impactstarker Zukunftsinitiativen wie jene für Social Innovations und Social

Business (jüngst durch »Friends of Social Business«), für tiefgreifende Bildungsinnovationen in Richtung Future Skills Lernen als neuen Bildungsschwerpunkt für alle (jüngst durch die »Future Skills Alliance«) sowie für grundlegende systemische wirtschafts- und weltpolitische Innovationen (jüngst durch die »Planet We Initiative«). Sein gelebtes wie erforschtes Lebensmotto: »Imagination ist das Wertvollste, was uns als Menschen ausmacht.«

Webseiten der Autoren

- clubofbudapest.de
- futureskills.org
- gch-institute.com
- peterspiegel.de
- planetwe.net
- weq.institute

Buchempfehlung der Autoren

EINFÜHRUNG

WARUM IST UNS IMAGINATION SO WICHTIG?

Ein Dialog der beiden Autoren

Peter Spiegel: Wir möchten am Anfang dieses Buches die Frage beantworten: »Was hat uns dazu bewogen, das Thema Imagination in den Mittelpunkt unseres Buches zu stellen und eigentlich auch in den Mittelpunkt unseres Lebens?«

Rüdiger Fox: Irgendwie steckt im Untertitel schon die Pointe: »Imagination – und alles Mögliche wird möglich«. Das ist das Gesamtfazit, das wir beide ziehen. Aus unterschiedlichen Lebensperspektiven, unterschiedlichen Lebenserfahrungen. Imagination, die Magie menschlicher Vorstellungskraft, ist beruflich und auch privat das Werkzeug, das ich immer eingesetzt habe und immer einsetzen werde, wenn es darum geht, Veränderungen zu initiieren und zu beschleunigen. Bei Themen, die aus meiner Sicht wünschenswert, notwendig oder längst überfällig sind. Es ist für mich nicht *ein*, sondern tatsächlich *das* Werkzeug, das die Basis bildet für jede Form von gewünschten Veränderungsprozessen. In herausfordernden Situationen ist die Fähigkeit, sich eine Zukunft vorzustellen, die für viele erst einmal unerreichbar erscheint, genau die Kompetenz, die so eine Zukunft möglich macht.

Peter Spiegel: Als ich mir als Jugendlicher die großen Fragen gestellt habe nach dem Sinn des Lebens und meinem Platz in diesem Leben, hatte ich das Glück, schon sehr früh auf einen Pionier bahnbrechenden Imaginationsdenkens zu stoßen – auf Alfred Adler, den großen Psychologen. Adlers Denken hat zum Kernpunkt, dass wir nicht festgenagelt sind auf unsere in frühkindlicher Zeit gebildeten

Weltdeutungen und Selbstbilder. In diese sind – aufgrund unserer noch überschaubaren Erfahrungshorizonte in dieser grundprägenden Zeit – unvermeidlich viele Kurz- und Fehl-Schlüsse eingebaut. Wir können diese aber nach Adler weitaus freier ersetzen als bis heute noch die allermeisten denken – durch Lebens- und Selbstbilder, die für unsere Entwicklung lebensförderlicher und gestaltungsfreier sind als unsere frühkindlichen Prägungen. Alfred Adlers wichtigster Inspirator für dieses Denken war der Philosoph Hans Vaihinger. Er schrieb mit seinem Werk »Die Philosophie des Als-ob« bereits vor 100 Jahren die vielleicht klügste Theorie zum Thema Imaginationskompetenz, die man etwa so auf den Punkt bringen kann: »An positive Gestaltungsmöglichkeiten nicht zu glauben, ist schlicht Dummheit.« Dieses Denken erzeugt eine unglaubliche Befreiungswucht zur lebenslang fortgesetzten Stärkung der Imaginationskompetenz.

Rüdiger Fox: Es ist spannend, was Du hier ansprichst. Das eine ist das Thema Freiheit. Ich glaube, wir müssen uns einfach bewusst sein, dass wahre Freiheit ja nicht dadurch entsteht, dass mich niemand daran hindert, meinen instinktiven Bedürfnissen nachzugehen und ich dabei zum Sklaven meiner Triebe werde. Die Freiheit, die uns Menschen als Spezies so einzigartig macht, ist diejenige, in der wir nicht akzeptieren, dass wir Opfer von Systemen sind oder wir uns zum Sklaven unserer Basisbedürfnisse machen, sondern über unsere Handlungen reflektieren und entscheiden können. Wir gehen das in unserem Buch auch ganz bewusst mit ein paar Übungen an, damit jeder für sich selbst experimentieren kann, dass Freiheit letztlich die Fähigkeit zur Imagination unterschiedlicher Zukünfte ist.

Jede Vorstellung entsteht in unserem Gehirn im sogenannten Frontallappen. Sie entsteht in einem Teil unseres Gehirns, über welche die Tiere in der Regel nicht verfügen oder wenn, dann nur in sehr eingeschränkter Art und Weise. Wir haben mit dieser Erweiterung von der Evolution einen genialen Simulator mitbekommen, der uns einzigartig macht und mit dem wir uns genau jene Art von Vorstellungen machen können, von denen dieses Buch handelt.

Eine zweite Frage ist dann natürlich: *Was* stelle ich mir vor, *was* ist das, was ich mir wirklich wünsche. Auch dazu versuchen wir, mit diesem Buch eine strukturierte Anleitung zu geben, wie jeder das für sich selber herausfinden kann. Dafür ist es gut, dass unsere beider Konzepte zur Entwicklung unserer Vorstellungskraft an mancher Stelle durchaus unterschiedlich sind, aber dennoch sehr kompatibel in ihrer Ausrichtung und in der Bedeutung, die wir grundsätzlich der Imaginationsentfaltung zuschreiben.

Mit unserer Vorstellungskraft können wir leicht auch in die Falle hineinlaufen, dass wir gesellschaftlich vorgegebene oder anerzogene Vorstellungen lediglich extrapolieren versuchen, anstatt eigene Vorstellungen zu entwickeln. Wenn ich jetzt – am 15. April 2023 –, während wir sprechen, an dem Ort, an dem wir dieses Gespräch führen – dem Platz vor dem Brandenburger Tor in Berlin –, aus dem Fenster schaue, blicken wir gerade auf eine Kundgebung der Anti-Atomkraftbewegung, die diesen Tag feiert als jenen, an dem die letzten Atomkraftwerke in Deutschland abgeschaltet werden. Ganz unabhängig davon, ob man Atomkraft nun befürwortet oder nicht, ist dieser Tag ein Beweis dafür, dass eine solche Vorstellung, die zumindest in meiner Jugendzeit nicht als besonders realistisch vorstellbar galt, weil sie dem breiten gesamtgesellschaftlichen Trend jener Zeit für eine einfach zugänglich erscheinende Energieform widersprach, dennoch ab heute Realität ist. Dies ist ein Beweis für die Kraft von kühnen Vorstellungen, wenn sie mit entsprechendem Durchhaltevermögen verbunden werden.

Peter Spiegel: Ganz genau. Entscheidend ist, von was wir uns treiben lassen – von Trieben oder Visionen, Imaginationen. Wir sind nicht selten getrieben von unseren Trieben auf der einen Seite oder geben uns dann viel zu sehr diesen hin und akzeptieren dieses Getriebensein schlicht und einfach. Wir sind ferner auch Getriebene von Erwartungen, die an uns gestellt werden. Wir wollen gefallen, wir wollen gut ankommen und wir merken dabei oft nicht, wie wir von Vorstellungen anderer getrieben werden.

Die Befreiung aus diesem Lebensmuster passiert in dem Augenblick, wo man sich die Frage stellt: »Was wäre, wenn ich mir völlig unabhängig von meinen vermeintlichen Schwächen und Trieben vorstelle, was ich mir wünschen würde an Fähigkeiten, Kompetenzen und Lebensgestaltungsmöglichkeiten?« Die Radikalität von Alfred Adler ist ein sehr gutes Beispiel dafür. Er hat als Arzt die Beobachtung gemacht, dass ein kleiner Teil seiner Klienten sich – unterbewusst oder bewusst – entschied, ihre Schwachpunkte zu überwinden, zu kompensieren, ja in regelrechte Stärken zu verwandeln. Nachdem ich dies damals las, traf ich spontan die Entscheidung, diese wohl in jedem Menschen angelegte, aber bisher viel zu wenig genutzte besondere Imaginationskraft der Kompensation von Schwächen zu Stärken bei mir auszuprobieren. Mein Schwachpunkt, den ich mir zur Kompensation vornahm, war meine Kompetenzleistung im Deutschen: Bis zur 11. Klasse schrieb ich niemals eine bessere Note als eine 4, war also ein »staatlich geprüfter Totalversager im Umgang mit der deutschen Sprache«. Dies umzudrehen in eine Stärke machte ich zu meiner Selbsttherapie – und schließlich zu meinem Beruf, z. B. als Verleger und Serienautor und später als Aktivist für eine Bildungswende zum allgemeinen Erlernen von derartigen Lebensschlüsselkompetenzen.[1] Zu dieser Art von neuem Denken und Handeln und neuen zusätzlichen Kompetenzen ist jeder Mensch fähig, was sowohl Adler als auch die moderne Gehirnforschung nachweisen.

Ein anderes Beispiel für diese Art von radikalem Neudenken ist Viktor Frankl, der einer der Millionen KZ-Gefangenen im deutschen Naziregime war. Er hat sich die Frage gestellt: »Wer ist denn hier eigentlich Gefangener? Meine Schergen oder ich? Ich bin frei in meinem Denken, die sind nicht frei in ihrem Denken. Sie müssen sich Rechtfertigungen konstruieren und damit leben und merken gar nicht, dass sie damit sich selbst in Gefangenschaft nehmen.« Viktor Frankl war für diese Leute so unerträglich, dass sie ihm letzten Endes zur Flucht verholfen haben. Daraufhin hat er seine eigene psychologische Theorie aufgebaut und verbreitet, die Existenzanalyse und Logotherapie. Tatsächlich hat jeder Innovator, jeder Mensch, der wirklich Großes geschaffen hat, solche Selbstbefreiungsschritte getan. Die Innovationsgeschichte jedes einzelnen Menschen und die Innovationsgeschichte der Menschheit insgesamt ist eine Geschichte der Imaginationsentwicklung und des Lernens, des Umgangs mit dieser Kraft.

1 Veröffentlicht in: Peter Spiegel: Schmetterlingseffekte. Meine verrückte Bildungsbiografie. Berlin 2025. 2., überarbeitete Auflage. WeQ Horizonte Verlag

Rüdiger Fox: Tatsächlich stellt die Stärke und das Ausleben der Imaginationskompetenz auch Herausforderungen für das Umfeld dar, was ja auch sehr deutlich aus dem Leben von Viktor Frankl heraus sichtbar wird. Die Scheu davor zu überwinden verlangt Mut zum Anderssein – ein Mut, der sich erst mit der Zeit irgendwann selbst verstärkt.

Eine weitere Herausforderung ist, dass man zunächst seinen inneren Ruf wahrnehmen muss in der Geräuschkulisse eines sozialen Umfeldes, das einem sagt, man müsse bestimmte Erwartungen erfüllen. Hier ist die Vorstellungskraft, wie es sein könnte, sowohl der Kompass als auch die Energiequelle für die Bemühung zu hören, was wirklich wichtig für mich ist. Das ist am Anfang etwas anstrengend, da man tatsächlich das Gefühl hat, man muss gegen viele Widerstände ankämpfen, aber es hat eine gewisse Magie, wenn Dinge sich realisieren, die vorher niemand für möglich gehalten hat, auch weil sie häufig schlicht noch nie jemand probiert hat.

Was vor allem wichtig ist, ist im Kopf zu behalten, dass das, was zuerst aussieht wie eine schwierige Reise, am Ende zu einer wird, bei der man tatsächlich Energie tankt und nicht verliert. Im Grunde ist es ein Dreisprung: man entscheidet sich zunächst für diese Reise, dann springt man in eine ferne Zukunft und stellt sich völlig frei vor, wie es sein soll, um dann in der Phase auf dem Weg dorthin sich zum einen überraschen zu lassen und zum anderen einfach die »Emergenz« erlaubt – das Entstehen von neuen Dingen, nachdem man dafür den Platz geschaffen hat, dass es überhaupt gedacht werden darf.

Peter Spiegel: Absolut. Man muss einfach beginnen, etwas als möglich zu denken. Man muss als ersten Schritt es sich erlauben, etwas zu denken, was man als wünschenswert für sich und andere erachtet hat, und dann sehen, was daraus entsteht. Unser Bewusstsein und unsere Sinne schenken in der Regel nur Dingen Achtsamkeit, wenn wir im Bewusstsein sagen: Das hätte ich gerne. Mit dieser bewussten Entscheidung aktiviere ich alle meine Sinne, die ich als Mensch zur Verfügung habe, und auch mein Unterbewusstsein, ihre Aufmerksamkeit auf die Ermöglichungssuche für das von mir als Wunsch imaginierte zu richten.

Neue Dinge als »möglich« zu denken ist die Voraussetzung dafür, daran gedanklich zu arbeiten, und so tritt man langsam immer mehr in ein Möglichkeitssinn-Stadium ein. So ist die Geschichte vieler persönlichen kleinen Innovationen und jeder großen Innovation, welche die Menschheit vorangebracht hat. Sie haben immer diese Geschichte im Hintergrund, etwas Unmögliches als möglich zu denken und die Kräfte zu aktivieren, dabei zu bleiben, zu prüfen, aber auch Dinge zu verwerfen, die sich nicht als gut erwiesen haben, bis sie wachsen können. Bis das Ganze Realität für einen selbst, für die Umwelt und für seine Tätigkeiten wird.

Wie schaut's denn damit aus in deinem Schwerpunktbereich, der Wirtschaft? Da spielt die Imagination ja auch eine wahnsinnig wichtige Rolle.

Rüdiger Fox: Die Notwendigkeit dafür steigt zumindest exponentiell. Die Herausforderung in der Wirtschaft ist allerdings, dass sie bisher historisch in ihrer gesamten Geschichte auf das Planen und das Vorhersagen der Zukunft ausgelegt war. Der Ansatz, sich etwas vorzustellen, was man sich aus dem Kontext der Vergangenheit normalerweise nicht vorstellen würde, passt da eigentlich überhaupt nicht ins Konzept.

Bei den Unternehmen, die ich in den letzten 30 Jahren geleitet habe, war es allerdings unverzichtbar für den Erfolg, denn rein betriebswirtschaftlich betrachtet hätte man ihnen wohl eher eine katastrophale Zukunft prognostiziert.

Genau für diese Unternehmen dann zu beweisen, dass es auch anders geht, ist mein berufliches Hobby geworden. Die Herausforderung liegt allerdings darin, dass diese neuen Wege, die man beschreibt und sich vorstellt, per Definition nicht im Detail planbar sind. In einem Management-Umfeld, in dem erwartet wird, dass die Ziele für das nächste Jahr oder sogar für die nächsten drei Jahre festgelegt und dann auch eingehalten werden, ist das eine besonders große Herausforderung.

Wir haben daher bewusst den Untertitel »Und alles Mögliche wird möglich« gewählt, denn je nachdem, wie man das ausspricht – ob man »alles« betont oder es einfach flapsig sagt »alles Mögliche« – zeigt es an, dass vieles möglich wird, aber eben »alles Mögliche«, das ist eine an und für sich schon relativierende Aussage, denn sie beschreibt nicht etwas spezifisch.

Auf bisher nie gegangenen Wegen kann man die Erfolge nicht so präzise vorhersagen, dass man einen Projektplan daraus macht, wie wir das in der Wirtschaft immer machen wollen. Wir bewegen uns tatsächlich mit der Imaginationskompetenz in einer komplett anderen Welt als in der Betriebswirtschaft, die auf dem Hochrechnen von Vergangenheitsdaten ihre Prognosen der Zukunft erstellt.

Peter Spiegel: Und Imagination ist die neue Innovation und das neue Geschäftsmodell.

Rüdiger Fox: Absolut. Sonst würde man es nicht machen. Du gehst ja auf die sozialen Innovationen ein, ich komme mehr von der systemischen Seite, wo wir uns als Wirtschaftsunternehmen heute einfach neue Gedanken darüber machen müssen, wo unsere Verantwortung liegt. Denn wir sind nicht mehr das geschlossene System Unternehmen, wo ich tue was ich möchte und wenn ich es richtig mache, habe ich Erfolg. Sondern wir leben in einem ökologischen, in einem gesellschaftlichen, in einem global vernetzten Kontext.

In einem solchen komplexen System gibt es zum einen weniger Möglichkeiten, konkrete Pläne so zu machen, dass sie auch eintreten, aber gleichzeitig natürlich eine größere Chance für die neuen Ideen und für die neuen Zielvorstellungen, die man entwickelt, um aus einer angestrebten Zukunft heraus Pläne herzuleiten. Genau das versuche ich am Ende des Buchs ein bisschen näher zu erläutern, indem ich sage: »Wir dürfen nicht mehr von der Vergangenheit über das heute in die Zukunft extrapolieren, sondern nur mit der Vorstellung, wie die Zukunft wahrscheinlich aussehen müsste, können wir aus der Zukunft rückwärts die Baupläne entwickeln.«

Es ist ein wenig wie die Kathedralen im Mittelalter: zunächst stellte man sich das beeindruckende fertige Gebäude vor und erst dann entwickelte man hierfür die Baupläne. Wir haben dabei allerdings den Vorteil, dass wir eine deutlich größere Chance haben, das Ergebnis unserer Vorstellungskraft auch zu erleben.

Ich glaube, das wird für viele zunächst gewöhnungsbedürftig sein. Provokativ gesprochen kann man die ferne Zukunft präzise vorhersagen, aber je näher man ans Heute kommt, desto schlechter kann man vorhersagen, was auf dem Weg passiert.

KAPITEL 1

»WAS WÄRE, WENN«

So fängt jede kleine und große menschliche Schöpfungsgeschichte an
Peter Spiegel

Zu keiner anderen menschlichen Fähigkeit gibt es vergleichbar starke Statements wie zur menschlichen Vorstellungskraft, zu der uns allen als menschliche Wesen in die Wiege gelegten Vorstellungspower. Einige Beispiele aus Tausenden von ähnlichen Powerstatements:

»Imagination is everything.« Anatole France
»Imagination is what makes us human.« Sir Ken Robinson
»Imagination is the beginning of creation.« George Bernard Shaw
»Imagination is the eye of the soul.« Joseph Joubert
»Imagination is the foundation of all invention and innovation.« J.K. Rowling
»Imagination is the strange power we have of changing facts.« Virginia Woolf
»If you imagine, some day it will happen. If you don't imagine, it will never happen.« Muhammad Yunus
»Imagination is more important than knowledge. Knowledge is limited. Imagination encircles the world.« Albert Einstein

Was macht unsere »IMAGINE!«-Power zum »Beginn von Schöpfung« – menschlicher Schöpfung, zum »Auge der Seele«, zur »Basis jeglicher Erfindung und Innovation«, zur »seltsamen Macht, die wir haben zur Veränderung von Gegebenem«, zu der Fähigkeit, »die Welt zu umkreisen«, ja zu dem, »was menschlich macht«, zu dem, »was uns zum Menschen macht«? Die Antwort von Walt Disney dazu: »If you can dream it, you can do it.« Oder wie es Joanna Macy formuliert:

»Wir können nur erschaffen, was wir als Vision in unseren Herzen tragen.« Die Fähigkeit, sich etwas vorstellen zu können und es im Herzen zu tragen als Voraussetzung, es dann auch tun zu können? Ist dies das Geheimnis, von dem alle zuvor Zitierten sprachen?

Dass dies für einige wenige, besonders begnadete Persönlichkeiten wohl richtig ist, dem würden vermutlich so ziemlich alle zustimmen. Aber für uns? Gar für uns alle? Ist dies nicht weltfremde Träumerei anstatt einer die gesamte Menschenwelt umfassende Traum-Fähigkeit, sprich Vorstellungsbefähigung?

Richtig ist sicher: Genies waren eher ziemlich seltene Exemplare in der bisherigen Menschheitsgeschichte. Eine interessante Frage wäre: Wie wurden und werden Genies zu Genies? Ist dies eine Erbsache, wie lange Zeit die vorherrschende Meinung auch von Wissenschaftler:innen war? Oder hat dies mit einem anderen speziellen menschlichen Antriebsstoff oder Antriebsmotiv zu tun?

Alfred Adler, einer der Pioniere der modernen Psychologie und Psychotherapie, machte bei seinen Patienten (als Arzt) und Klienten (als Therapeut) eine bemerkenswerte Beobachtung: Ihre Lebensfreiheit hängt zutiefst von ihrer Vorstellungsfreiheit ab. Von der Freiheit, die sie sich nehmen – oder nicht nehmen –, sich Dinge als vielleicht doch möglich vorzustellen, die andere oder auch fast alle als unmöglich einstufen. Die meisten Patienten und Klienten von Alfred Adler bewegten sich mit ihren »Als-möglich-Vorstellungen« in den uns vertrauten, also zumeist sehr engen Möglichkeits-Spielräumen. Einige wenige entschieden sich für Vorstellungen weit jenseits davon: Sie wollten ihre körperlichen Defizite oder Minderwertigkeitsgefühle *grundlegend* überwinden, kompensieren, bis zu überkompensieren – und trafen dann die bewusste oder unbewusste Entscheidung, »Unmöglich-Erscheinendes« als möglich zu denken und nachhaltig zu versuchen, dies auch zu erreichen. Adler stellte daraufhin biografische Studien an zu der Frage, ob nicht vielleicht die meisten Genies nachweisbar vor allem Überkompensierer waren und letztlich genau dies sie zu genialen Vorstellungsgrenzenüberwindern machte. Adler fand dies serienweise bestätigt.

Wenn wir unsere »normalen« Vorstellungsgrenzen überwinden und deutlich erweitern wollen, müssen wir dafür natürlich weder stark belastende körperliche oder psychische Probleme haben, damit wir darauf dann mit entsprechend stark motivierten Überkompensationen reagieren können, noch irgendeine sonstige Voraussetzung mitbringen. Als Menschen gehören wir per se zu jener Schöpfungsgattung, die »problemlösungsbegabte Wesen« sind, wie Muhammad Yunus es formulierte. Und dabei ist es nicht wichtig, ob es ganz kleine oder sehr große Herausforderungen sind – bei allen Problemen und Wünschen für bessere Lösungen können wir uns entscheiden, wo wir unsere Vorstellungskraft jeweils einnorden auf der Skala zwischen »nichts ist machbar« bis »alles Mögliche ist denkbar und machbar«, zumindest im Sinne von »unendlich viel«.

Jeder Mensch hat als menschliches Wesen die Fähigkeit, jedes Problem und jeden persönlichen Wunsch nach etwas Besserem als dem Bisherigen zum Anlass zu nehmen, an seiner Vorstellungskraft zu arbeiten. Und damit sind wir bei der Schlüsselbotschaft dieses Buches: Vorstellungskrafterweiterung ist lernbar! Für jeden. Und jederzeit. Und mehr: Vorstellungskrafterweiterung ist der Kern unserer persönlichen, individuellen Freiheit. Noch mehr: Vorstellungskrafterweiterung ist unser kostbarster persönlicher Wohlstand. Und noch mehr: Vorstellungskrafterweiterung ist das Wesen und der Treiber einer fundamental neuen Dimension kollektiven gesellschaftlichen wie auch wirtschaftlichen Wohlstands.

Ich kann mir gut vorstellen, dass diese letztere Aussage dann doch den meisten als zu kühn erscheint. Daher befassen wir uns nun mit einem Beispiel, das zumindest eine Ahnung davon geben kann, dass wir uns an einer gesamtgesellschaftlichen und auch gesamtwirtschaftlichen Zeitenwende befinden, die unter der Überschrift »Imagine!« stehen könnte und ganz ernsthaft nach unserer Überzeugung stehen wird. »Imagine« im Sinne von »Was wäre, wenn».

»What if« – Was wäre, wenn wir das Geheimnis menschlicher Vorstellungskraft kennen und entsprechend universell fördern würden

Begeben wir uns mit unserer Vorstellung in eine Situation, die real stattfand, und zwar am 15. September 2018 in Potsdam.

Es prickelt im eigens dafür aufgebauten Eventzelt des 2. *d.confestivals* in Potsdam, dem weltweit größten Konferenzfestival zu Design

Thinking. Gleich ist Frederik Pferdt dran, der Chief Innovation Evangelist aus der Führungscrew von Google. Sein Thema: Was macht Google so sensationell und zuverlässig innovationsstark? Dies zu erreichen und dauerhaft sicherzustellen ist der Job des in Deutschland aufgewachsenen Frederik G. Pferdt, der im Silicon Valley seine Karriere machte und dort zu den einflussreichsten Deutschen gehört.

Frederik Pferdt's Leidenschaft ist es, das Innovationspotential in Menschen zu entwickeln und er glaubt fest daran: Kreativität existiert in uns allen. Und zwar grundsätzlich grenzenlos, was konkret heißt: begrenzt allein durch das, was wir meinen, uns vorstellen zu können. Der promovierte Wirtschaftspädagoge initiierte unter anderem eine Community von 500 Innovations-Evangelisten und ist Gründer von Googles »The Garage« sowie Schöpfer des ersten Innovationslabors, das von hunderten Teams pro Jahr quer durch Alphabet/Google von YouTube, Hardware, Android, Sales und Cloud, dem HR Team und Research Team genutzt wird, um Probleme nutzerzentriert kreativ zu lösen und in möglichst kurzer Zeit hunderte nie da gewesener Ideen zu testen.

Was ist das Geheimnis von Google? Frederik Pferdt versprach, dies zu lüften. Doch er verband sein Versprechen mit einer klaren Warnung: Dieses Geheimnis sei schwer zu ertragen. Nicht weil es zu schwer zu erfassen und daher nur einer kleinen Elite wirklich zugänglich sei, sondern ganz im Gegenteil: weil es *provozierend einfach* ist und damit für jeden Zuhörenden leicht versteh- und umsetzbar.

Die Zauberformel lautet »What if?«, »Was wäre, wenn?«. Der Kern ist dabei, durch das Stellen von genau dieser Frage einen geistigen Raum für ein spielerisches Entdecken von wunschmotivierten oder problemlösungsmotivierten Möglichkeiten für die Zukunft im Alltag zu schaffen. Wenn wir uns auf das »Was wäre, wenn«-Spiel einlassen, kommen wir in einen Zustand der offenen Möglichsein-Achtsamkeit. Unsere Sinne weiten sich, unser Geist wird durchlässig, feste Gedanken werden beweglich und Ideen kommen ins Fließen. Die Wahrnehmung von uns und allem, was uns umgibt, verändert sich. Wir beginnen, auf uns und die Welt mit anderen Augen zu schauen und ein Gespür zu entwickeln, von welchen Potentialen wir umgeben sind und welche andersartigen Lösungsmöglichkeiten denk- und gestaltbar werden.

Die noch größere Provokation von Frederik Pferdt war dann: Es geht nicht um die Größe der Vision, der Imagination, die Wunsch- oder Problemlösungs-Artikulation, die jemand in einen solchen Satz packt, sondern um die *bewusste Rolle*, die »What if«-Visionssätze im Leben der Menschen spielen.

Jeder Mensch, der bei Google arbeitet, soll immer weiter an seiner *Visionskraft*, seiner *Imaginationskompetenz* arbeiten. Und zwar keineswegs nur für neue Google-Innovationen, sondern für seine ganz persönlichen, seine privaten, seine gemeinschaftsbezogenen, seine weltbezogenen Visionen und Lebens-Innovationen. Frederiks Statement: Wenn jemand mit einer belanglos kleinen What-if-Vision anfängt und jeden Tag lernt, mit kleinsten What-if-Visiönchen bis natürlich gerne auch größeren und großen spielerisch leicht zu arbeiten, wird diese Art von Visionsarbeit unaufhaltbar selbstverständlicher, man wird selbstsicherer und mutiger und man wagt sich mit der Zeit an immer größere Themen, Herausforderungen und Visionsformulierungen heran.

In seinem Impuls baute Frederik Pferdt ein bewusst sehr niederschwelliges »Was wäre, wenn« zu einem bewusst vergleichsweise sehr niederschwelligen Alltagsproblem ein:

»Was wäre, wenn ich morgen in der S-Bahn auf dem Weg zur Arbeit die Mitfahrenden in meiner Blicknähe mit achtsamen Augen ansehe und mich dann entscheide, eine Person, die auf mich offen und selbstreflektierend wirkt, anzusprechen mit der Hoffnung, nach einem kurzen Einstieg das Gespräch auf ein Thema hinführen zu können, das mich gerade etwas belastet, um daraus dann vielleicht irgendeine hilfreiche andere, neue Sicht kennenlernen zu können?«

Wir sollten Zug um Zug derartige »Was wäre, wenn«-Visionssätze formulieren und deren Wirkung ausprobieren in *allen* Themenfeldern, die unser Leben und Wirken tangieren. Wir sollten diese jeweils so formulieren, dass sie unser augenblickliches Zutrauen zu uns selbst nicht überfordern, aber dennoch uns neue Schritte im Denken und Handeln eröffnen. Wir sollten nicht aufhören, uns wichtig und wertvoll erscheinende kleinere und größere Lebens- und berufliche Fortschrittsziele mit »Was wäre, wenn«-Sätzen zu umspielen. Wenn einer uns gerade nicht voranbringt, haben wir immer unendlich viele weitere »Was wäre, wenn«-Visionssätze-Variationen, die uns überraschen können, was wir alles neu entdecken und erlernen können.

Google habe, so Frederik, schlicht verstanden, dass Visionsarbeit unendlich universeller verstanden werden muss und dementsprechend gefördert werden sollte als nur in Bezug auf die Arbeit an Visionen für das Unternehmen. Die beste Visionsarbeit auch für jedes Unternehmen liegt in der besten Ermöglichung und Ermutigung der *universell* sich fortentwickelnden Visionsarbeit und Visionskompetenz *aller* Menschen zu deren ganz persönlichem Glück und für das ganzheitliche Glück von allen und allem. Und dies kann am besten verankert werden, wenn diese Art universeller Visionskompetenz im Wir-Modus im Unternehmen gepflegt wird – als Wesensbestandteil der Unternehmenskultur.

Bei seinem Vortrag in Potsdam machte er dazu gleich eine Erfahrungsübung: Er bat alle Anwesenden, ein DIN-A-4-Blatt zu einem Papierflieger zu falten, an einer bestimmten sichtbaren Stelle eine spontan in den Sinn kommende »Was wäre, wenn …«-Vision zu schreiben und dann den Papierflieger frei in den Raum abzusenden. Alle Teilnehmenden sollten sich dann einen Flieger aufgreifen, die dort vermerkte Vision lesen und sich Gedanken machen, welcher persönliche Tipp ihnen dazu einfällt. Diesen sollte er dort dazuschreiben und den Flieger erneut in den Raum absenden. Nach drei weiteren Phasen derselben Art sollte sich jeder und jede wieder einen Flieger greifen und Ausgangsvision und die hinzugefügten Tipps lesen und auf sich wirken lassen. Der Effekt war ein unmittelbares Erfahrungslernen, wie einfach und effektiv eine solche Art von Visionsarbeit auf der Ebene von kollaborierender Teamarbeit tatsächlich ist.

Wie wir noch an vielen weiteren Beispielen in diesem Buch sehen werden, ist Google kein Einzelfall. Wo immer es in unserer Gesellschaft gelungen ist, eine Visionskultur Platz greifen zu lassen, die ähnlich unterwegs ist wie Frederik Pferdt sie beschrieben hat – sei es in Schulen oder Forschungslaboren, in Unternehmen oder Verwaltungen, in beruflichen Projektteams oder in Teams beim zivilgesellschaftlichen Engagement, in der Familie mit den Kindern oder im Freundeskreis –, überall dort blühen Menschen, Ideen, kreative Lösungen und nachhaltiges Denken und Handeln weit überdurchschnittlich auf.

In Bezug auf Google und andere Visionsförder-Hot-Spots heißt dies übrigens nicht, dass alles toll ist, was diese mit der daraus ihnen zugewachsenen Marktmacht machen. Die in Breite, Tiefe und Wirkmacht exponentielle Potentialentfaltung menschlicher Vorstellungskraft erfordert selbstverständlich eine ebenso kreative Visionsarbeit auf allen Ebenen unserer Gesellschafts- und Politikkonzepte. Beispielsweise zu der Frage, wie Algorithmen und künstliche Intelligenz unter neue gesamtgesellschaftlich zukunftstaugliche Verantwortungsprinzipien gebracht werden können. Beispielsweise zu der Frage, wie planetare Handlungsfähigkeit für planetare Herausforderungen einer planetar zutiefst zusammengewachsenen Menschheit konzipiert werden kann in Verbindung mit einer neuen und zeitgemäßen Qualität von Demokratieprinzipien. Dies wird in späteren Kapiteln thematisiert.

Doch steigen wir zunächst jedoch tiefer ein in das Wesen von Visionen und der persönlichen Visionskraftentfaltung. Beginnen wir mit ersten »Was wäre, wenn«-Übungen, denn Kompetenzen wie die Steigerung der Visionskraft erwirbt man in allererster Linie durch praktisches Erfahrungslernen. Rein kognitives Verstehen ist durchaus sehr wichtig, aber erst durch Übungen werden die Erkenntnisse zur spielerischen Selbstverständlichkeit.

ÜBUNG

»Was wäre, wenn ich lernen würde, meine Visionskompetenz konzentriert auszubauen durch die Arbeit mit Was-wäre-wenn ...-Sätzen?«

Der Satz von Albert Einstein »Imagination ist wichtiger als Wissen, Wissen ist begrenzt, Imagination umkreist die Welt« hat mich davon überzeugt: Mit noch so wertvollem Wissenserwerb allein laufe ich immer nur hinter dem her, was andere durch ihre Imaginationsfreiheit und -fähigkeit an neuem Wissen entdeckt und erschlossen haben und was ich mir daraus für mein eigenes augenblickliches Menschen- und Weltbild zusammengebaut habe.

Mit wachsender *eigener Imaginationskompetenz* kann ich selbst lernen, die Welt immer wieder neu selbst zu umkreisen mit neuen Imaginationen, die meine Sichtweise(n) erweitern. Wenn ich meiner Visionskompetenz aktiv und kontinuierlich Nahrung gebe durch »Was-wäre-wenn …«-Imaginationssätze, wachse ich über meine bisherigen Vorstellungsgrenzen hinaus und kann mehr und unterschiedliche Sichtweisen wertschätzen, nutzen und intelligent miteinander verknüpfen. Also starte ich jetzt damit, »Was wäre, wenn …« zu einem, zu meinem lebenslang immer wieder neuen Weltumkreisungs- und Selbstbefreiungs-Spiel zu machen. Zur Selbstbefreiung von begrenzten, begrenzenden Vorstellungen, denn jede Vorstellungserweiterung führt zu innerem und äußerem Wachstum, zu innerer und äußerer Kreativität, zu innerer und äußerer souveränerer und verantwortungsvollerer Weltmitgestaltung. Ich variiere »Was wäre, wenn …«-Sätze für alle Vorstellungserweiterungen immer so, dass es lebenslang eine beglückende, verlässliche und nicht enden wollende Quelle an Inspirationen, Visionsfortschritten und kreativem Lernen wird. So, dass meine Visionsarbeit mich aus meinem bisherigen Autopilot-Modus herausführt und zu einem eigenen neuen Autopilot-Modus nicht endender Visionskompetenz-Erweiterung und -Vertiefung wird.

Ich starte mit »Was wäre, wenn …«-Sätzen für mich ganz persönlich und trage die ersten hier in dieses Buch ein. Oder ich entscheide mich gleich, ein persönliches »Was wäre, wenn …«-Arbeitsheft anzulegen und dort für jeden »Was wäre, wenn …«-Satz eine neue Seite zu beginnen. Den Platz darunter nutze ich jeweils für Stichworte und kurze Notizen zu meinen Erfahrungen damit, für Fragen, für Umsetzungsideen und so weiter. Und jetzt geht's los:

Was wäre, wenn ………………………………………………………

……………………………………………………………………

Was wäre, wenn ....

....

Was wäre, wenn ....

....

Was wäre, wenn ....

....

Ich erwäge auch, »Was wäre, wenn …« als kleines Visionstraining oder Gemeinschaftsspiel in meiner Familie, mit Freunden oder im Arbeitskontext auszuprobieren und anzuwenden zum gemeinsamen Erfahrungssammeln. »Was wäre, wenn …« kann ein richtig wertvolles Gesellschaftsspiel für eine von und durch uns alle verbessernden Welt werden.

....

Warum Imagination und Visionskompetenz der Schlüssel zu allem ist

Mit dieser Frage beschäftigen sich seit Jahrtausenden Philosophen, Gelehrte, Wissenschaftler, Pädagogen und Innovatoren. Greifen wir hier aus einem reichen Meer an Erkenntnis-Möglichkeiten zum Thema Imagination und Visionskompetenz diese heraus:

Der deutsche Philosoph und Kant-Forscher Hans Vaihinger veröffentlichte vor mehr als 100 Jahren eine umfangreiche Abhandlung unter dem Titel »Die Philosophie des Als-ob«[2]. Auf dem dort ent-

2 Hans Vaihinger: Die Philosophie des Als-ob. Reprint-Ausgabe. Saarbrücken 2007. VDM Verlag

wickelten Grundverständnis menschlicher Wahrnehmung baute Alfred Adler seine Individualpsychologie[3] auf. Viktor Frankls Denken der Selbsttranszendenz[4] kann man daraus abgeleitet sehen, ebenso wie Elemente von NLP[5] (Neuro-linguistisches Programmieren), der Theorie des »Führens von der Zukunft her« von C. Otto Scharmer[6]. oder auch der Positiven Psychologie von Martin Seligman[7] und jüngst von der Zukunftsforscherin Florence Gaub, die in ihrem Buch »Zukunft – Eine Bedienungsanleitung« schrieb: »Zukunft ist ein individueller, kreativer, imaginärer und sinnlicher Prozess in der Gegenwart, bei dem quasi ein Hologramm einer zukünftigen Realität erzeugt wird. Diese Fähigkeit bildet die Grundlage für Erwartungen, Entscheidungen, Vorlieben und freier Wille Durch seine Fähigkeit, mental in die Zukunft zu reisen« wird er letztlich und vorrangig zu einem »Homo prospectus«[8].

Hans Vaihinger geht davon aus, dass der Mensch grundsätzlich nicht in der Lage ist, »Wahrheit« als solche zu erkennen. Er kann lediglich über Gedankenkonstrukte, die Vaihinger »Fiktionen« nennt, seine Wahrnehmungs- und Erkenntnisarbeit leisten. Was er dabei an das Beobachtete anlegt, sind Als-ob-Vorstellungen, also »als ob« etwas so oder so sei beziehungsweise so oder so funktioniert. Diese Fiktionen erweisen sich als von unterschiedlicher Erkenntnisergiebigkeit und unterschiedlicher lebenspraktischer Nützlichkeit. Vaihinger richtet daher unsere Aufmerksamkeit auf diesen Aspekt, auf diese

---

3 Heinz L. und Rowena R. Ansbacher: Alfred Adlers Individualpsychologie. Eine systematische Darstellung seiner Lehre in Auszügen aus seinen Schriften. Mit Erläuterungen der Herausgeber. München 2004. 5. Auflage. Ernst Reinhard Verlag. Dort insbesondere Kapitel 3 »Fiktionalismus und Finalität«, S. 65-84, das sich ausführlich mit der Inspiration von Alfred Adler durch Hans Vaihinger befasst.

4 Viktor E. Frankl: Wer ein Warum zu leben hat. Lebenssinn und Resilienz. Weinheim 2017. 5. Auflage. Beltz Verlag

5 Anna-Lena Kuehl: NLP für Anfänger. Das richtige Mindset für Ihre Persönlichkeitsentwicklung. Independently published 2021

6 C. Otto Scharmer: Theorie U. Von der Zukunft her führen. Heidelberg 2020. Carl Auer Verlag

7 Simon Kuschik: Positive Psychologie 2.0. Independently published 2022 / Gabriella Rosene Kellerman und Martin Seligman: Tomorrow Mind. Das Toolkit für mentale Stärke, Gesundheit und mehr Freude an der Arbeit. Ariston 2023

8 Florence Gaub: Zukunft. Eine Bedienungsanleitung. dtv 2023

Frage: Wie nützlich, wie hilfreich, wie sinnstiftend, wie glücksgenerierend sind Fiktionen?

Mit diesem Blick kann man auch Fiktionen, die aus heutiger Sicht offensichtlich »falsch« sind, würdigen als »nützliche Fiktionen« in einem endlosen evolutionären Erkenntnisprozess, der uns endlos immer weiter voranbringen und uns dabei immer neue Gestaltungs- und Wirkoptionen eröffnen und immer neuen Nutzen stiften kann.

Der Blick, »als ob« die Erde eine Scheibe sei, erschloss uns durchaus nicht gerade wenige Wirklichkeitsaspekte und damit auch Wirkoptionen, mit dieser vermeintlichen Scheibe etwas anzufangen. Der Blick, »als ob« die Erde eine Kugel sei, erschloss uns jedoch eindeutig mehr Wirklichkeiten desselben Objekts und damit Wirk- und Kreativmöglichkeiten mit diesem. Der Blick, »als ob« die Erde vielleicht gar kein Objekt, sondern ein Subjekt sein könnte, ein lebendiger Superorganismus, den manche als »Gaia« bezeichnen, verändert unsere Beziehung zu dem immer noch selben Etwas im All erneut fundamental. Mit dem Gaia-Blick können wir zu gleichzeitig hoch innovativen und hoch verantwortungsbewussten Co-Kreatoren auf diesem Planeten werden und die Phase des (Miss-)Verständnisses

Illustration: Mey Sarah Spiegel

»Macht euch die Erde untertan« ablösen durch eine Phase der Haltung »Macht euch den erkannten Gesetzmäßigkeiten der Erde untertan«. So können wir die Gesetzmäßigkeiten des Ökosystems Erde als die intelligentesten Innovationen aller Zeiten entdecken und ökosystemgerecht nutzen, was uns beispielsweise unser Abfall- und unser Energieproblem am besten, effektivsten und nachhaltigsten lösen hilft.

Das hier beschriebene Grundverständnis von Hans Vaihinger, nach dem wir immer tiefer gehendere und weiter reichendere »Als-ob«-Vorstellungen entdecken und uns dann erschließen können zu *jeglichem* erdenklichen Thema, ist wie ein Universalschlüssel in unabsehbar viele noch entdeckbare Denk-, Fühl-, Wahrnehmungs- und Gestaltungs-Universen. Die Welt der gesamten menschlichen und zwischenmenschlichen kognitiven, emotionalen, spirituellen und umsetzungs-, sprich transformatorischen Kompetenzen spielen dabei eine Schlüsselrolle. Darauf gehen wir im 5. Kapitel näher ein.

Nach Hans Vaihingers Denken macht es schlicht keinen Sinn, die Frage zu stellen, was *nicht* möglich ist. Was wir in unserer Vorstellungs- wie allgemein unserer Kompetenzen-Fortentwicklung als »nicht möglich« ansehen, *machen* wir durch genau eine solche negative Als-ob-Annahme für uns erst zu einer verschlossenen Tür. Vaihingers Ansatz ist klar und deutlich:

An positive Gestaltungsmöglichkeiten nicht zu glauben, ist schlicht Dummheit.

Das heißt:

Solange wir es nicht für denkbar halten konnten und wollten, dass die Erde etwas anderes sein könnte als eine Scheibe, solange hielt uns niemand anderes davon ab als wir Menschen selbst, Gefangene dieser Als-ob-Fiktion zu bleiben.

Solange wir es nicht für denkbar erachten, dass ökologische und soziale Innovationen die neuen und viel besseren Treiber einer Zukunfts-Ökonomie sein können, solange bleiben wir Gefangene von reduktionistischen ökonomischen Als-ob-Fiktionen mit den bekannten systemisch gefährlichen ökologischen und sozialen Nebenwirkungen.

Solange wir es nicht für denkbar halten, uns auf Meisterschaftskurs unserer Imaginations- und Visionskompetenz zu begeben (und all der anderen Lebens-Schlüsselkompetenzen), so lange bleiben wir Gefangene von viel zu klein und viel zu eng gefassten Als-ob-Fiktionen unserer Potentialentfaltungsmöglichkeiten. Der Psychologe Erik Blumenthal fasste es so zusammen: Pessimisten (Visionsverweigerer, die sich als »*Realisten*« sehen) und Optimisten (Visionsarbeiter, die sich als »*potenzielle Mit-Gestalter besserer Realitäten*« sehen) haben eines gemeinsam: Beide haben in der Regel in 90 Prozent der Fälle recht. Und zu den 10 Prozent, bei denen die Optimisten dann mit ihren Vorstellungen unrecht haben, können sie eine ebenfalls noch hoch optimistische und potentialentfaltende Grundhaltung einnehmen: Wo wir scheitern, können wir dies als Feedback der Realität zu unseren Vorstellungen wahrnehmen und als Einladung, diese in diesen Fällen zu hinterfragen und nach hilfreicheren Vorstellungen zu suchen.

Befreien wir uns also in allen zukunftsentscheidenden Fragen zu der Haltung:

Alles Mögliche war einmal unmöglich!

Wir sind der Souverän unserer Fiktionen und unserer Visions- und Imaginationskompetenz!

ÜBUNG

Möglich gewordenes Unmögliches

1. Die Liste der »*Solange …*«-Sätze um weitere ergänzen und jedem davon nachspüren, was dieser in uns bewegt.

2. Eine Liste eröffnen für Beispiele, was so alles lange Zeit als »*unmöglich*« galt und trotzdem möglich wurde im Sinne von »Alles Mögliche war einmal unmöglich«.

3. Gerne auch Beispiele aus dem eigenen Leben, denn dort wird es dann ja richtig relevant und spannend …

Hierfür lohnt es sich, ein zweites Arbeitsheft zu beginnen. Mit gewissen Abständen sollte man dieses immer wieder zur Hand nehmen und das bis dahin Eingetragene noch einmal auf sich wirken lassen und schließlich um weitere »*Solange …*«-Sätze ergänzen sowie um neue Beispiele für historische oder aktuelle Ereignisse und Entwicklungen, die lange als »unmöglich« erschienen, aber doch möglich wurden, und ebensolche Beispiele im eigenen Leben.

Analog zu Joseph Jouberts eingangs zitiertem Statement »Imagination is the eye of the soul« sagt Hans Vaihinger: »Die Seele schafft sich selbst ihre Organe« und führt dies weiter aus: »Solche Organe sind zum Beispiel die Formen des Anschauens und Denkens, sind gewisse Begriffe und sonstige logische Gebilde Fiktionen sind psychische Gebilde, die Seele ist erfinderisch.« Andernorts definiert er »*Fictio*« als »die Tätigkeit des *fingere*, also des Bildens, Formens, Gestaltens, Bearbeitens, Darstellens, das Sich-Vorstellen, Denken, Annehmen, Entwerfen, Ersinnen, Erfinden … Das *freigestaltende Moment* ist dabei das hervortretendste Merkmal.« Wenn diese auf positive Ziele gerichtet sind, »haben Fiktionen einen hohen praktischen Wert als Erkenntnismittel« und werden sogar noch einmal »bei weitem wichtiger«, wenn sie »eng mit dem ›kosmischen Agentieren und Konstituieren‹ verbunden werden«. Denn die »ästhetische und ethische Welt des *Als-ob* wird letzten Endes für uns eine Welt der Werte«. Werteorientierte *Als-ob's* sah somit bereits Hans Vaihinger als *Wert-Schöpfung* in einem ganzheitlich-tiefen Sinne – und implizierte damit, dass die beste werteorientierte Fiktionsarbeit selbst in der Ökonomie eine »Wertschöpfung als Werte-Schöpfung« sein sollte.

Hans Vaihinger entwickelte seine »Philosophie des Als-ob« als Beitrag zu der damals sehr heißen Diskussion der philosophischen Disziplin der Wissenschaftstheorie, die sich mit den Voraussetzungen, Strukturen, Methoden, Tätigkeiten, Aufgaben und Zielen aller

Arten von Wissenschaften beschäftigt. Ihm lag dabei besonders am Herzen, dass sich das Wissenschaftsverständnis nicht einseitig verengt, z. B. auf mechanistische Vorstellungen, mit denen man damals allzu gerne Natur und auch Psyche mit Maschinen-Analogien zu erklären versuchte. Vaihingers Ansatz ist demgegenüber ungleich offener und kommt daher uns Heutigen ungleich moderner vor als viele seitherige Denkströmungen. Er ist in seinem Kern ein Imaginations-Ansatz und damit auch ein geeignetes Fundament für eine Imaginations-Forschung.

In dieser Funktion kann sie uns heute endlich auch aus der Verengung auf vorrangig technologische Fiktionen und Innovationen befreien. Die technologische Innovationsrevolution befreite uns erst vor – menschheitsgeschichtlich gesehen – sehr kurzer Zeit aus Fiktionswelten, die alles Mögliche als völlig unmöglich abtaten. Diese Befreiung begann mit einer zunächst verschwindend kleinen Anzahl von Menschen, die sich von ihren technologischen Fiktionen durch nichts abbringen ließen. Sie bereiteten durch ihre fiktionale, visionäre Kraft, ihre Entschlossenheit und ihre konsequente Kompetenzentfaltung den Weg, dass wir unsere Haltung zu technologischen Fiktionen inzwischen um 180 Grad gewendet haben. »Alles Mögliche war einmal unmöglich!« war in den 1990er Jahren eine weltweite Kampagne von Toyota (die später in das heutige »Nichts ist unmöglich« verkürzt wurde).

Visionäres fiktionales Denken kann uns heute den Weg zu einer für den Menschen noch einmal weit wertvolleren Befreiung ebnen. Es liegt in unserer Entscheidung, *wann* dieselbe 180-Grad-Wende in Bezug auf *menschliche* Fiktionen und Imaginationen und »zutiefst *menschliche*« Innovationen und Kompetenzen vollzogen sein wird. Durch *uns* vollzogen sein wird.

KAPITEL 2

DEN AUTOPILOT ÜBERLISTEN

Unser Gehirn hindert uns inzwischen, es richtig einzusetzen
Rüdiger Fox

Wenn Sie bereits jetzt nach dem ersten Kapitel dieses Buches durch Peters Argumente komplett überzeugt sind und Ihre Übungshefte schon neben Ihnen liegen, damit Sie ohne Verzögerung mit dem Training ihrer Imaginationskompetenz anfangen können, so kann ich nur gratulieren. Denn dann gehören Sie zu den wenigen Menschen, denen es leichtfällt, sich rational klarzumachen, was sie aktuell im Leben weiterbringt, und dann auch die notwendige Disziplin haben, sich an die hierfür notwendigen Aufgaben zu setzen.

Bei den meisten Mitmenschen wird sich jedoch zunächst Widerstand im Bauch regen – und das gleich aus zwei Gründen. Denn zum einen erwecken solche Übungen leicht den Eindruck, dass wir uns selbst austricksen müssen, um eine solche Fähigkeit zu entwickeln. Das erscheint auf den ersten Blick nicht stimmig. Sind wir nicht gerade deswegen so erfolgreich in der Evolution gewesen, weil unsere Instinkte – gepaart mit unserem rationalen Gehirn – uns immer wieder den richtigen Weg gezeigt haben? Warum können wir auch hier nicht einfach unserer natürlichen Intuition folgen, die in der Menschheitsgeschichte immer wieder in so erfolgreicher Weise unser Überleben gesichert hat?

Zum anderen ist es mühsam und bedarf zunächst Durchhaltevermögen, bis ein solches Denken zur Routine wird und das Infrage-Stellen von alten mentalen Modellen in Fleisch und Blut übergegangen ist. Imaginationskompetenz scheint insofern zunächst unserer Intuition zu widersprechen und fordert uns darüber hinaus eine Energie ab, die dann anderen Optionen nicht zur Verfügung steht.

Es ist daher eine durchaus nachvollziehbare Frage, warum es spezieller Übungen bedarf, um dies erst aufwändig zu lernen, wenn unsere Visionskraft ein so wichtiger Schlüssel dafür sein soll, uns in der heutigen Welt erfolgreich zu bewegen? Warum hat uns die Evolution dies bisher nicht ganz natürlich mitgegeben, wenn es so erfolgreich sein soll? Wo kommt diese innere Stimme her, die uns davor warnt, uns Dinge vorzustellen, die außerhalb des für uns intuitiv offensichtlichen liegen? Und warum brauchen wir zunächst viel Disziplin, um unseren inneren Widerstand zu überwinden und es wirklich zu tun?

Die Antwort mag zunächst paradox klingen: Unser menschliches Gehirn mit all seinen Fähigkeiten ist nicht nur Schöpfer vieler Errungenschaften unserer bisherigen Entwicklungsgeschichte, sondern inzwischen gleichzeitig für unsere aktuellen Lebensumstände seine größte Hürde. Denn es sind gerade die eingebauten Algorithmen, die in unserer erdgeschichtlichen Vergangenheit unsere Reaktionsfähigkeit unterstützt und damit unser Überleben gesichert haben, die heute verhindern, dass wir genauer hinschauen und unsere gewohnten Annahmen hinterfragen, wo dies notwendig ist. Und dies liegt schlichtweg an der Tatsache, dass die Veränderungsgeschwindigkeit unserer Umwelt inzwischen deutlich höher ist als die Zeit, die es evolutionär braucht, um unsere kognitiven Grundstrukturen zu verändern.

Das Filmarchiv ausbauen

Auch wenn wir in unseren Köpfen einen hochkomplexen Denkapparat haben, der uns wie keinem anderen Lebewesen ermöglicht, Entscheidungen zu durchdenken und abzuwägen, so reisen wir in der Regel durch unser Leben wie die Passagiere in einem Flugzeug: Wir vertrauen unserem Piloten im Kopf, dass er uns sicher dort hinbringt, wo wir es uns wünschen. Doch unser Gehirn hat gar nicht die Energie, sämtliche Entscheidungen ausreichend zu durchdenken, bevor wir sie treffen. Stattdessen haben wir im Laufe der Evolution die Fähigkeit entwickelt, wie wir aus Erlebnissen einfache Regeln ableiten können, nach denen wir dann zukünftig spontan handeln. Wie ein Autopilot in einem Flugzeug, der während dem größten Teil des Fluges die Navigation übernimmt, steuert auch unser Gehirn den Großteil unserer Handlungen und Entscheidungen weitgehend automatisch und für uns unbewusst.

Die Regeln für diese Steuerung sind in unserer evolutionären Vergangenheit entstanden. Zum einen in Form von Strukturen und eingebauten Logiken, die sich über Jahrhunderttausende in Form von kognitiven »Abkürzungen« bewährt haben und uns viel Zeit und Energie sparen. Und zum anderen in Form von persönlichen Erfahrungen oder gesellschaftlicher Prägung aus unserer eigenen Geschichte, die für diese Strukturen die Inhalte liefert. Beides ist oft hilfreich, um uns das Leben weniger anstrengend zu machen. Aber manche dieser Algorithmen sind auf Grund einer sich in den letzten Jahrzehnten grundsätzlich veränderten Umwelt inzwischen ausgesprochen hinderlich.

Und dies ist besonders bei der Imaginationskompetenz der Fall.

Für unsere Ahnen war es entscheidend für ihr Überleben (und damit für die Weitergabe ihrer Gene an uns), dass sie aus ihren Beobachtungen der Umwelt allgemeine Regeln abgeleitet haben, aus denen sie dann Schlüsse für ein möglichst erfolgreiches zukünftiges Verhalten herleiten konnten. Derjenige von ihnen, der verstanden hatte, bei welchem Sonnenstand die Herde zum Wasserloch kam und dadurch seinen Erfolg beim Jagen erhöhte, hatte eine höhere Überlebenswahrscheinlichkeit und damit eine größere Chance, seine Gene weiterzugeben. Derjenige, der bei der Beobachtung von fallenden Blättern erkannt hatte, dass kurze Zeit danach die Temperaturen fallen werden und es daher empfehlenswert ist, Vorräte in einer Höhle anzulegen, hatte ebenfalls höhere Chancen.

In der damaligen Umwelt wiederholten sich die für das Überleben wichtigsten Ereignisse in allen Lebensbereichen periodisch, während fundamentale Veränderungen nur sehr langsam von der Evolution initiiert wurden. Jahreszeiten, Sonnenstand und Herdenbewegungen gaben für die meisten Ereignisse einen konstanten Rhythmus vor, nach dem man sich richten konnte. Wer diese Zusammenhänge erkannte, konnte gute Vorhersagen für die Zukunft machen. Daher war die Vergangenheit der beste Lehrer für die Zukunft. Wer es beherrschte, aus Einzelereignissen die rhythmischen Muster zu erkennen, hatte die besseren Überlebenschancen – und wir wurden durch diese natürliche Auslese zu den Nachkommen der besten Muster-Erkenner.

Diese unbewusste Suche nach allgemeinen Mustern ist nicht nur eine angelernte Gewohnheit, sondern findet sich auch in unseren physischen Gehirnstrukturen wieder. So ist derjenige Gehirnbereich, der für unsere Zukunftsvorstellung verantwortlich ist, identisch mit dem, in dem unsere Vergangenheitserfahrungen abgespeichert sind. Für unsere Projektionen für die Zukunft gehen wir also in das Filmarchiv unserer Vergangenheit und bauen dadurch ganz automatisch den Film unserer Erwartungen für die Zukunft aus den Sequenzen des bisher bereits Erlebten (oder den Geschichten, die uns über die Vergangenheit erzählt wurden) zusammen.

Für eine wöchentliche Serie im Fernsehen mag dies noch akzeptabel sein, da es uns ein vertrautes Gefühl vermittelt, wenn die Protagonisten immer wieder die gleichen Sprüche machen oder ihre Handlungen vorhersehbar sind. Für das reale Leben in einer zunehmend komplexen Welt, deren Eigendynamiken immer neue Überraschungen hervorzaubern, ist dies ausgesprochen hinderlich, weil wir aufgrund unserer kognitiven Disposition ganz grundsätzlich dazu neigen, nicht mit Veränderungen zu rechnen.

Während Lebenserfahrung in einer statischen Welt ein großer Vorteil ist (was unsere Eltern uns ja auch immer wieder in unserer Pubertät versucht haben, klar zu machen), so ist sie in einer dynamisch sich verändernden Welt einer der größten mentalen Nachteile. Denn sie gibt uns die Illusion, dass wir aus ein paar verfügbaren Informationen durch Wiedererkennen die richtigen Handlungen herleiten können, und verhindert dadurch, dass wir Veränderungen bereits frühzeitig erkennen.

Wenn wir uns auf eine Welt vorbereiten wollen, in der die Zukunft von der Vergangenheit abweicht, weil immer weniger Ereignisse sich zyklisch wiederholen und die Entwicklung nicht nur von lokalen Gegebenheiten in unserer Umwelt, sondern auch von globalen Veränderungen beeinflusst werden, brauchen wir zunächst eine größere Auswahl an Vorstellungen als die, die wir bisher erlebt haben. Wir müssen solche Filmsequenzen hinterlegen, die wir bisher noch nicht erlebt haben, damit uns dies die Möglichkeit gibt uns vorstellen zu können, was zukünftig möglich ist.

Was zunächst wie ein unmögliches Unterfangen klingt, geht tatsächlich, da unsere menschliche Vorstellungskraft ausreichend stark ist, dass eine vorgestellte Situation real Erlebtes ersetzen kann, wenn die Bilder in einen für unser Gehirn plausiblen Kontext gestellt werden.

Wenn wir uns eine bisher nie erlebte imaginäre zukünftige Situation vorstellen und dann die »Kamera« rückwärtslaufen lassen, indem wir die Geschichte rückwärts herleiten, die dort hingeführt haben könnte, entstehen Sequenzen von Möglichkeiten, die unser Autopilot für eine Zukunftsprojektion kaum von echt Erlebtem unterscheiden kann. Wir tricksen dadurch unseren kognitiven Zukunftssimulator aus und erweitern seinen Erfahrungsschatz. Dabei ist es nicht wichtig, dass diese Story lückenlos und bis in die Details logisch ist, sondern sie muss nur ausreichend plausibel und damit vorstellbar sein. Und am besten angereichert mit starken Emotionen und einigen Details, damit sie sich gut einprägt und später zur Verfügung steht.

Wie weit man in seiner Vorstellung von seinen bisherigen Erfahrungen abweicht, ist eine ganz individuelle Entscheidung. Allerdings empfiehlt es sich, zumindest in mindestens einem Detail ganz grundsätzlich ein ganz neues Element einzufügen, damit die Spannbreite des Möglichen erweitert wird. Dies gilt besonders da, wo es um menschliche Reaktionen geht.

Ein Stein, den man loslässt, wird immer in Richtung Boden fallen. Aber unsere Erwartung an eine zukünftige Entwicklung hängt häufig nicht von physikalischen Gesetzmäßigkeiten, sondern von dem Menschenbild ab, das wir den Beteiligten unterstellen. Dieses zu erweitern und Menschen andere, neue Reaktionen zuzutrauen, ist sicherlich eine der wichtigsten Stellschrauben für unsere erweiterte Zukunftserwartung, egal wie dominant unsere Vergangenheitserfahrung war.

Es ist ein wenig wie die mit »Dialektik« umschriebene Form der Gesprächsführung aus der Antike, bei der gezielt zu einer Behauptung eine diametral andere Gegenthese aufgestellt wurde, um sich langsam argumentativ aufeinander zuzubewegen und auf diesem Weg eine Erkenntnis höherer Ordnung zu finden.

ÜBUNG

Dialektische Erweiterung unseres Filmarchivs

1. Suche dir immer wieder freie Momente und wähle eine Situation, deren Ausgang du zu kennen scheinst – und stelle dir das Gegenteil vor. Dies kann eine private Situation, eine Entwicklung im beruflichen Kontext oder auch eine globale Entwicklung sein.

2. Dann erzähle dir selbst eine Geschichte rückwärts, die zu diesem – für dich überraschenden – Ausgang geführt hat.

3. Verlangsame zwischendurch immer wieder einmal die Geschichte und male dir spezielle Situationen in möglichst vielen Details aus – inklusive der Emotionen, die sie auslösen.

Beispiele für solche Situationen können erfolgreiche Verhandlungen sein, bei denen man eigentlich aus einer schier aussichtslosen Position startet, Entwicklungen, die den Lauf der Ereignisse grundsätzlich verändern, oder auch nur eine erfolgreiche Präsentation vor einem Publikum, wenn man bisher in solchen Situationen immer Lampenfieber hatte. Besonders geeignet sind aktuelle Herausforderungen, die man persönlich gerade hat, damit die eigene Betroffenheit die Emotionalität verstärkt.

Es ist nicht wichtig, diese Geschichten aufzuschreiben – im Gegenteil. Sie verankern sich in der eigenen Vorstellungskraft, je spielerischer man die Übung angeht. Und erschaffen so im Kopf zunehmend Filmsequenzen über Ereignisse und Entwicklungen, die man auf der Basis der reinen Vergangenheitserfahrungen sich nicht hätte vorstellen können.

Diese Übung lässt sich übrigens auch gut mit Freunden spielen – indem man sich beispielsweise gegenseitig eine (gewünschte) Lebenssituation, in der man in einigen Jahren sein möchte, so beschreibt, als ob dieses bereits die heutige Gegenwart ist – und dann eine Vergangenheit hierzu erzählt, die dort hingeführt hat, als ob es sich tatsächlich bereits so ereignet hat. Je detailreicher diese Geschichte ist, desto leichter können Elemente davon uns später als Möglichkeiten zur Verfügung stehen.

Wenn wir also unser Gehirn überlisten müssen, um es zukunftstauglich zu machen, so liegt dies schlicht daran, dass es sich über Jahrhunderttausende evolutionär so entwickelt hat, dass es optimal für eine Umgebung funktioniert, die zyklischen Regeln gehorcht und in der nur lokale Erfahrungen aus unserem unmittelbaren Erlebnisbereich relevant sind. Eine solche Welt war auch noch bis vor kurzer Zeit unsere Lebensrealität.

Doch mit dem zunehmenden technischen Fortschritt, der sich insbesondere in den letzten Jahrzehnten durch die digitale Vernetzung explosionsartig entwickelt hat, sowie einer Menschheit, die sich seit den 1950er Jahren mehr als verdreifacht hat, haben sich diese Randbedingungen fundamental verändert. Ob es das Wetter ist, die Wirtschaft, die Mobilität oder die Umwelt, nichts scheint mehr irgendeiner Regelmäßigkeit zu folgen, die wir aus der Vergangenheit (oder den Erzählungen darüber) kannten. Stattdessen entstehen durch das Zusammenspiel der inzwischen vielschichtig global vernetzten Systeme und den hier involvierten Personen Dynamiken, die sich unvorhersehbar gegenseitig dämpfen oder verstärken können.

Und während uns die Technologen noch vorzugaukeln versuchen, dass es nur genug Computerleistung sowie Künstlicher Intelligenz bedarf, um unsere Zukunftsprognosen zu perfektionieren, so ist unbestreitbar, dass das Zusammenwirken von inzwischen rund acht Milliarden Menschen, die über Kommunikationswege, Wirtschaftsbeziehungen, Energieversorgung und Mobilität immer enger miteinander verwoben sind, dieses Ziel in immer weitere Ferne rückt, wenn sich auch nur bei einigen wenigen ihr freier Wille manifestiert.

Doch diese zunehmende Komplexität unserer Umwelt hat nicht nur den Nachteil, dass sich die Zukunft immer schwerer vorhersehen lässt, sondern gleichzeitig den Vorteil, dass hierdurch Entwicklungen und Ereignisse tatsächlich möglich werden, die früher undenkbar waren. Sie uns vorstellen zu können und mögliche Wege zu suchen, wie sie Realität werden können, wird dadurch zu einer Kernkompetenz für das 21. Jahrhundert.

Sich für das Bootcamp motivieren

Allerdings müssen wir noch an einer anderen Stelle versuchen, uns neue Gewohnheiten anzutrainieren, damit die evolutionär so erfolgreichen Reaktionsmuster unseres Autopiloten uns nicht in die falsche Richtung steuern.

Denn in unserem steinzeitlichen Leben voller Entbehrungen und Gefahren war über Jahrtausende die Suche nach Wegen, wie wir es sicherer und auch angenehmer machen können, für uns der Kompass und Antrieb für unser Streben. Dadurch wurde die Suche nach Erleichterungen für unser tägliches Dasein zur Hauptantriebskraft für Innovation. Die Entwicklung von ersten Werkzeugen, einer aktiv betriebenen Landwirtschaft oder der Bau von schützenden Behausungen sind hierfür nur ein paar Beispiele, an der wir die menschliche Entwicklung gut zurückverfolgen können. Sie alle dienten dazu, mit weniger Energieeinsatz das Überleben zu sichern.

Dank dieser Erbschaft sind wir zunächst grundsätzlich darauf konditioniert, Anstrengung zu minimieren und auf diejenigen Handlungen zu beschränken, die zu einer adäquaten Belohnung führen, um die nur beschränkt verfügbare Körperenergie gezielt für die überlebenswichtigen Dinge aufzusparen. Hier handelte es sich während der überwiegenden Zeit unserer menschlichen Entwicklungsgeschichte um Basisbedürfnisse wie Nahrung oder Sicherheit, die in der Regel eine unmittelbare Befriedigung erforderten.

Aus diesem Grund sind wir darauf programmiert, Handlungen zu unternehmen, von denen wir unmittelbar eine Triebbefriedigung erhalten, während gleichzeitig die Neigung, Anstrengungen zu vermeiden, die nicht unmittelbar einen Belohnungsanreiz zur Folge haben, evolutionär tief in uns verankert. Wir sind insofern nicht von unserer Natur aus faul, sondern nur über Generationen darauf programmiert, unsere Energie sparsam und möglichst wirtschaftlich einzusetzen.

Und auch dieser Fokus ist nicht nur eine gesellschaftliche Gewohnheit, sondern strukturell in unserem kognitiven Belohnungssystem angelegt, das ganz gezielt Handlungsmuster mit Dopamin-Ausschüttungen belohnt, wenn sie zeitnah zu einer Bedürfnisbefriedigung führen, und uns dadurch motiviert, diese Handlungen zu wiederholen.

Inzwischen haben aber – trotz eines immer noch eklatanten globalen Einkommensgefälles – immer mehr Menschen ein ökonomisches und soziales Niveau erreicht, bei dem eine Zukunftsplanung nicht mehr nur für ein paar Stunden oder Tage möglich ist, sondern durchaus mittelfristig angelegte Ziele für die Lebensplanung in den Vordergrund rücken.

Mit unserem auf kurzfristige Belohnung ausgelegten Belohnungssystem ist unsere größte Herausforderung heute, für jede Form des zukunftsgerichteten Lernens die von uns in vielerlei Hinsicht so erfolgreich erkämpfte Bequemlichkeit in unserem Leben zu überwinden. Denn die einzige Option, die evolutionäre Vorprägung unseres Zukunftssimulators im Kopf zu verändern, ist es, durch zumindest temporäre Disziplin und Übung neue Routinen und mentale Wege entstehen zu lassen, die für unsere heutige Welt deutlich geeigneter sind.

Doch hier dran zu bleiben ist nicht einfach, denn für längerfristig ausgerichtetes Verhalten, das erst in einer ferneren Zukunft einen positiven Effekt verspricht, sind wir durch unsere Instinkte nicht ausgerüstet. Nur eine kurzfristig auf eine Anstrengung folgende Belohnung löst den Hormoncocktail im Gehirn aus, der unser Belohnungssystem füttert und uns dadurch ganz natürlich dazu bringt, weiterzumachen. So wie die Anstrengung der Jagd durch den Verzehr der Beute belohnt wurde – oder durch den Genuss der gesammelten Früchte und Beeren.

Ein langfristiges abstraktes Ziel kann demgegenüber tatsächlich noch so rational einleuchtend sein, es erzeugt diese biochemische Wirkung nicht, bevor das Ziel tatsächlich erreicht ist – und somit zu einem Zeitpunkt, bis zu dem wir uns instinktiv immer wieder fragen, wozu wir uns all die Mühe machen.

Allerdings gibt es auch hier einen Trick, unsere Motivation zumindest ein wenig »anzufüttern«. Denn glücklicherweise kann allein die Vorstellung einer Belohnung einen ähnlichen Effekt auslösen wie die Belohnung selbst. Sie muss nur realistisch genug sein.

Dies ist der Grund, warum die zuvor beschriebene Übung gleich zwei Effekte hat, wenn wir sie mit Zukunftsoptimismus anreichern: wir füllen unser Filmarchiv mit neuen Sequenzen auf, mit denen wir unsere Zukunft ausmalen. Und die Aussicht auf ein positives Ende statt einer negativen Befürchtung aktiviert unser Belohnungssystem, damit weiter zu machen.

ÜBUNG

Optimismustraining

1. Wähle eine Zukunftsentwicklung, von der du auf Grund von Vergangenheitserfahrungen ausgehst, dass sie negativ endet – und stelle dir stattdessen einen guten Ausgang vor.
2. Dann erzähle dir selbst auch hier die Geschichte rückwärts, die zu diesem – überraschend positiven – Ausgang geführt hat.
3. Verlangsame zwischendurch immer wieder einmal den Ablauf der Geschichte und male dir spezielle Situationen in möglichst vielen Details aus – inklusive der Emotionen, die sie auslösen.

Eine solche Zukunftsentwicklung kann die erfolgreiche Abwendung der Klimakrise ebenso sein wie nach einer Trennung die Vorstellung von einer neuen, glücklichen Beziehung oder nach beruflichen Rückschlägen der Erfolg in einem neuen Job. Wichtig ist lediglich, dass die Vorstellung möglichst nahe der eigenen inneren Wunschvorstellungen entspricht und nicht zunächst die eigenen Erwartungen herabsetzt, um mit diesen kompatibel zu sein.

Auch diese Übung lässt sich gut mit Anderen trainieren – mit Freunden oder auch in jeder Gesellschaft. Jedes Mal wenn das Gespräch in Richtung Zukunftspessimismus kippt, nimmt man eine optimistische Position ein und begründet sie ausführlich. Dies ist umso wirksamer, wenn es sich um Entwicklungen handelt, die alle gemeinsam betreffen. Denn dann erweitert man schrittweise gleichzeitig auch das Filmarchiv aller anderen.

Hilfreich ist auch, wenn man immer wieder die »Flughöhe« wechselt, aus der man die Situation auswählt: mal eine zwischenmenschliche Reaktion von jemandem, den man meint gut zu kennen. Mal einen Entwicklungsaspekt für das eigene Leben, dem man vielleicht pessimistisch entgegensieht. Und mal einen gesamtgesellschaftlichen Trend, bei dem man angesichts der aktuellen Entwicklung in der Welt wenig Optimismus findet.

Der Vorteil der Optimisten

Die Tatsache, dass positive Zukunftsvisionen deutlich motivierender sind als negative Krisenszenarien, ist nicht der einzige Grund, warum wir uns gerade um optimistische Zukunftsvisionen bemühen sollten, wenn es um den Ausbau unserer Imaginationskompetenz geht.

Denn während sich die Wissenschaft noch streitet, ob Optimismus bzw. Pessimismus eine angeborene Vorprogrammierung ist, die wir von unseren Vorfahren übernehmen, oder eine Prägung, die wir in bestimmten Lebensabschnitten oder auf Grund von Erfahrungen erst erlernen, macht es auch hier Sinn, kurz auf die evolutionsgeschichtliche Funktion unseres Zukunftsorakels im Kopf zu schauen.

Der Antrieb dafür, die für uns Menschen einzigartige Fähigkeit zu entwickeln, zukünftige Entwicklungen vorherzusehen, hatte nur einen einzigen Grund: unsere Überlebenswahrscheinlichkeit zu erhöhen. Und ähnlich wie bei vielen anderen kognitiven Systemen lag der Schwerpunkt in unserer entfernteren Vergangenheit nicht darauf, neue Chancen zu entdecken, sondern primär darauf, Gefahren abzuwehren.

So ist eine der primären Gehirnfunktionen unseres auch als »Reptiliengehirn« bezeichneten ältesten Gehirnbereiches ein Alarmsystem, das bei Reizung das Hormon Cortisol ausschüttet, welches wiederum sämtliche Körperfunktionen auf Flucht oder Verteidigung einschwört.

Während bei den meisten Lebewesen die Auslöser für ein solches Verhalten tatsächliche Ereignisse in der unmittelbaren Umgebung sind, hat bei uns unser kognitiver Zukunftssimulator im Kopf diese Rolle zusätzlich übernommen. Wir müssen keine Anzeichen einer Gefahr tatsächlich erleben, damit uns unsere Amygdala über Hormonausschüttung willenlos weglaufen oder kämpfen lässt, sondern es reicht aus, wenn unser Gehirn entscheidet, dass mit einer Gefahr nach bisheriger Erfahrung zu rechnen ist. Hierdurch wurde es uns möglich, deutlich früher gefährliche Entwicklungen zu prognostizieren, bevor sie überhaupt eingetreten sind und Reize auslösen könnten.

Der Nachteil dieses Systems ist allerdings ein deutlich asymmetrischer Hang dazu, Gefahrensituationen zu prognostizieren. Nur wenn keine Anzeichen von Gefahren sich andeuten, erlaubt es, dass ein Teil der Aufmerksamkeit auf mögliche Chancen in der Zukunft gelenkt wird.

Über ein äquivalentes System, das uns bei Chancen aktiv den Mut vermittelt weiterzumachen, verfügen wir nicht.

So wie wir auf Grund unserer evolutionären Geschichte primär darauf programmiert sind, Gefahren zu identifizieren, so hat unser Autopilot daher einen natürlichen Hang zu Pessimismus, wenn es um den Ausblick in die Zukunft geht. Wir sind ganz natürlich auf der Suche danach, Krisen zu prognostizieren.

Uns die Fähigkeit anzutrainieren, auch positive Entwicklungen in den Bereich der Möglichkeiten zu rücken, hat also nicht nur motivatorische Vorteile, sondern ist schlicht notwendig, um uns tatsächlich ein objektiveres Bild über unsere Zukunft zu machen, das auch mögliche Chancen in einem ausgewogenen Verhältnis identifiziert.

Insofern ist der häufig kritisierte Eindruck, dass Visionen grundsätzlich eine Neigung zu positiven Zukunftsvorstellungen haben und daher ein Thema für Idealisten und Optimisten ist, völlig falsch. Nicht die Pessimisten haben die objektivere Sicht auf die Zukunft, sondern die Optimisten, die sich bewusst ihre archaische Angst vor überall lauernden Gefahren abtrainieren und in einer Welt, in der die Gefahr für verpasste Chancen deutlich höher ist als die Gefahr für das eigene Leben, den Blick auf die vorhandenen Möglichkeiten richten.[9]

9 siehe hierzu »Der 0,1 % Joker«, Rüdiger Fox, Murmann Verlag

Dass Visionskompetenz daher immer ganz grundsätzlich den Schwerpunkt darauf legt, eine positivere Version unserer Zukunft vorstellbar zu machen als uns unsere vergangenheitsorientierten Algorithmen nahelegen, dient insofern auch dazu, unsere steinzeitliche Prägung der ständigen Existenzangst zu überwinden, um für die Neuzeit adäquat gewappnet zu sein.

KAPITEL 3

IM FLOWMODUS ZU DEN WIRKLICHEN POTENTIALEN

Mit neuen Routinen die neuen visionären Routen erschließen und stabilisieren

Peter Spiegel

Wenn uns unser steinzeitlicher Autopilot im Anthropozän-Zeitalter immer häufiger an die Wand oder in Sackgassen fahren lässt, wie Rüdiger so überzeugend aufzeigt, dann brauchen wir dringend *andere Arten von Routen* und *neue Arten von Routinen*, um mit deutlich mehr transformativer Mündigkeit gelingende Zukunftsreisen bewerkstelligen zu können. Wir brauchen Routen und Routinen, die uns dabei helfen, bewusst gesteuert und möglichst effektiv aus dem überkommenen Autopilotmodus aussteigen zu können, wo sich dieser als kontraproduktiv erweist – und umsteigen zu können in einen Flowmodus begeisternder und kreativer Visionsarbeit. Denn begeisternde und kreative Visionsarbeit ist der neue Lebensmodus, der uns mit sehr viel mehr Flow zu sehr viel mehr Potenzialentfaltung und Wohlergehen führt.

Doch auch für das Hineinleben in eine solcherart nachhaltig kreativ-visionäre Lern- und Lebensreise brauchen wir Routinen. Diese neuen Routinen haben, wie nicht anders zu erwarten, überraschend andere Eigenschaften wie unsere gewohnten Routinen. Sie sind vor allem von viel spielerischer Leichtigkeit geprägt und vielleicht genau deshalb von überraschender Veränderungswirksamkeit. Aber um eines kommen wir nicht herum: Wir müssen sie erfolgreich zu Selbstverständlichkeiten in unser Leben mit einbauen. Sonst »gewinnen« die alten Autopilot-Routinen schnell wieder ihre alte Wirksamkeit. Tauschen wir also spielerisch fröhlich Zug um Zug

Autopilot-Routinen in Autonomsein-Routinen. Und beginnen wir an einer Stelle, deren Schlüsselbedeutung wir für unser prägendes und steuerndes Denken und Handeln oft unterschätzen: bei unserer Sprache, oder genauer: bei unseren Schlüsselbegriffen.

Schreiben wir unser ver-rücktes Wörterbuch – und machen unsere wertvollsten Begriffe eigenmächtig so wertvoll wie möglich!

Gleich der erste Satz der Bibel lautet: »Am Anfang war das Wort.« Worte sind Begriffe, mit denen wir in der uns umgebenden Welt nach »Verstehen« dieser Welt zu greifen, zu be-greifen versuchen. Worte sind mit Vorstellungen gefüllt, sonst wären sie schlicht sinnlos, nutzlos, weil bedeutungslos. Wie wir denken und denken können, hängt entscheidend davon ab, mit welchen Vorstellungen unsere Worte und Begriffe für uns und durch uns gefüllt sind.

Für die souveräne Entfaltung unserer Imaginations-, Visions- und damit Lebensgestaltungskraft ist daher ein unverzichtbarer Schlüssel, die Schlüsselbegriffe unseres Denkens und Wirkens noch einmal genauer anzusehen. Wir werden überrascht sein, wie viele *Vorstellungsblockaden* wir entdecken werden nicht nur in unseren alltäglichen Begriffs-Verständnissen, sondern auch bei akademischen Begriffen. Was wir dringend brauchen, ist eine Art NLP-Kurztherapie unserer kostbarsten Begriffsschätze.

Die gute Nachricht ist: Dafür ist gar kein Therapeut notwendig. Der Grund: So ziemlich alle unsere Schlüsselbegriffe »entstanden« durch tiefes Nachdenken von Menschen, die sich gründliche Gedanken darüber machten, warum sie für irgendein Phänomen, dem sie einen Namen geben wollten, genau den Begriff wählten, den sie wählten. Das heißt: Sehr oft kommen wir sehr schnell auf deren tiefgedachte Bedeutung(en), wenn wir uns nur die Frage stellen, warum ein Begriff genau so heißt wie er heißt. Wir werden erstaunt sein, wie leicht und wie tiefgehend sich dadurch unser Verständnis von Schlüsselbegriffen unserer Sprache von leichtfertigen Verkürzungen, Banalisierungen und Verdrehungen »reinigt« – und wie sehr uns dies visionsoffener und visionsstärker macht.

Wenn wir uns darauf einlassen und richtig »Lust auf mehr« Entdeckungen in dieser so unerwartet einfachen und wirkungsmächtigen »Sprachreinigung« und »Denkbefreiung« bekommen, ist es erst recht sehr wichtig, diese neuen Erkenntnisse und Begriffsverständnisse in unserem Bewusstsein zu *verankern*. Daher sollte jeder sein ganz »Persönliches ver-rücktes Wörterbuch« beginnen (zum Beispiel in einem kleinen Vokabelheft oder auch in einem digitalen Word-Dokument etc.) und darin aufschreiben, welche Begriffe er nun in einem neuen, tieferen und denk- und visionsbefreienderen Sinne versteht und wie genau nunmehr sein neues Verständnis »definiert« ist. Das *Verankern* jeder Begriffs-Neuverständnis-Entdeckung ist wichtig. Wenn wir dies nicht wichtig genug nehmen, rutscht uns das neue Verständnis in der Überflut an täglichen Informationen, Eindrücken und Einflüssen wieder weg.

»Mein ver-rücktes Wörterbuch« – Erste Kostproben

Ein paar Beispiele aus meinem eigenen ganz persönlichen »Ver-rückten Wörterbuch« können vielleicht am einfachsten deutlich machen, was genau ich meine und welche Befreiung diese Art bewusst spielerische Begriffsarbeit für unsere Imaginationskompetenz-Stärkung hat.

»Wahrnehmen« – Warum heißt *wahrnehmen* wahr-*nehmen* und nicht wahr-*haben* oder wahr-*sein* oder ähnliches? Die Antwort gibt das zuvor Beschriebene der »Philosophie des Als-ob«: Wir können auf unseren Erkenntniswegen nur mit »Als-ob«-Konstrukten operieren. Wir *nehmen* aus der Welt aller möglichen »Als-ob«-Konstrukte eines als »wahr« heraus und nehmen mit dieser ausgewählten Linse die Welt wahr. – Dies bedeutet jedoch: Wir können uns jederzeit die Freiheit nehmen, eine andere »Als-ob«-Linse auszuprobieren, eine, von der wir es für möglich halten, dass es uns zu weiteren und tieferen Verständnissen führt.

Mit diesem Verständnis von »wahrnehmen« als »wahr-nehmen« konnte ich in mir einerseits eine dauerhaft wirksame Selbstrelativierung verankern für alles, was ich selbst dachte, aber mit »wahr-nehmen« verband ich andererseits gleichzeitig auch ein »ernst-nehmen«

eigener Gedankenspiele wie auch von Wahrnehmungsweisen von Menschen aus unterschiedlichsten Kulturen und mit unterschiedlichsten Lebenserfahrungen. Mein ver-rücktes Wortverständnis von »wahrnehmen« zu solcherart »wahr-nehmen« half mir, mein eigenes Wahrnehmungsweisen-Spektrum frei fortlaufend zu erweitern ohne auf diese Erweiterung stolz zu sein, sondern eher nur noch schlicht dankbar und bescheiden, weil man so gleichzeitig hinzulernt, wie unendlich weit das Universum menschlicher Wahrnehmung ist …

»Wirklich« – Warum heißt *wirklich wirk*-lich? Warum steckt hier der Begriff *wirken* drinnen? Soll das vielleicht heißen, dass wir – genauso wie bei der Wahrnehmung und Wahrheit – auch *die Wirklichkeit* nicht »als solche« je erkennen können, sondern eben nur in der Lage sind, *Wirk*ungen zu beobachten und zu beschreiben? Genau dies. Das Beispiel des Phänomens Licht kennen wir alle aus der Schule: Wenn wir es als *Teilchen* wahr-nehmen, beobachten wir bestimmte *Wirk*-lichkeiten bzw. *Wirk*-weisen, wenn wir es als *Welle* wahr-nehmen, beobachten wir andere *Wirk*-lichkeiten desselben Phänomens. Wenn wir ganz bewusst *unterschiedliche* Wahr-nehmungen, also »Als-ob«-Linsen, gedanklich und beobachtungsmäßig zulassen und prüfen, welche Wirk-weisen dadurch beobachtbar werden, befreien wir uns zu weit offenerer und visionsstärkerer Wahrnehmungs- und damit auch Gestaltungskraft.

Der Physiker und Philosoph Hans-Peter Dürr wollte in seiner Jugend herausfinden, was die Welt im Innersten zusammenhält, und hat sich daher dem Erforschen der Materie im Kleinsten verschrieben. Was er dabei herausfand: Irgendwann »verschwindet« Materie bzw. stellt sie sich als etwas grundlegend Anderes als Materie heraus – in seinen Worten: »Im Mikrokosmos kann man nur noch die Beziehungen (Wellen, Strahlung) zwischen Teilchen messen und erkennen, nicht aber Teilchen selbst. Das kleinste Teil von allem ist daher weder ein Atom noch ein Quark, sondern ein, wie ich es in meiner Sprache nenne, *Wirks* oder *Passierchen*, eine Wirkungseinheit. Wahrscheinlich lässt sich das ganze Leben, auch im Makrokosmos, nur über die Definition von Beziehungen begreifen – die aber höchst wirksam sind … Für lebendige Systeme reicht eine mechanistische Beschreibung nicht aus. Lebendige Wesen wie etwa der Mensch sind im Grunde instabile Systeme. Ihre scheinbare Stabilität erhalten sie durch ein dynamisches Ausbalancieren, das ständige Energiezufuhr benötigt.« Was nichts anderes heißt: Es ist kein Zufall, dass wir mit unserem bisher sehr mechanistischen Weltbild so viel unerwünschte Fehl-*Wirk*ungen, dysfunktionale Wirkungen, erzeugt haben. Spätestens jetzt als Co-Kreatoren dieses Planeten ist es für uns Menschen überlebenswichtig geworden, Wirklichkeit als »dynamisches Ausbalancieren« von Beziehungs-Wirkungen in unseren Ökosystemen begreifen und gestalten zu können. Daher die Schlüsselbedeutung dieses not-wendigen Relaunches des Begriffs »wirklich« …

»Möglich« – Kaum ein Begriff hat mehr und umfassender mit unserer Visions- beziehungsweise Imaginationskompetenz zu tun als der Begriff »möglich«. In unserem Alltag wird er oft – ziemlich bedeutungsarm – als Synonym zu »vielleicht« verwendet. Aber in »möglich« stecken bedeutungsintensive Begriffe wie »mögen«, »möglich sein«, möglich machen« und »möglich werden« bis zu »etwas vermögen« und »Vermögen« in ihren Bedeutungsvariationen in der Klein- und Großschreibung. Wenn man alle diese Begriffsvarianten mitdenkt und in ihrem starken Beziehungs-Zusammenhang wahrnimmt und erkennt, dann erhält der Satz »Alles Mögliche war einmal unmöglich« eine ganz neue und grundlegend Imagination freisetzende Bedeutung – sozusagen die Grundformel für den Freisetzungsprozess des Potentials menschlicher Imagination.

Der erstgenannte Begriffsinhalt »mögen« würde in diesem Sinne bedeuten: Am Anfang jeden Imaginationsprozesses steht die Frage beziehungsweise die Klärung und Entscheidung, was ich *mag* – welche Verbesserung, welche Veränderung, welche Zielsetzung etc. In dieser Klärung ist entscheidend, ob ich dort in erster Linie eher materielle oder mehr immaterielle »Mögens« (diese Wortschöpfung in Analogie zu Hans-Dürrs »Wirks«) einsetze. Für diese persönliche Klärung rate ich, die Übung »Happiness-Check« von Rüdiger im Kapitel 4 durchzuführen. Meine persönliche Sicht und damit Entscheidung ist, immaterielle als die unschlagbar wertvolleren Lebensglückbringer zu sehen und dementsprechend zu mögen, aber nicht als Gegenmodell zu materiellen »Mögens«. Letztere haben immer noch einen wertvollen Nutzen, aber nur, solange die immateriellen

»Mögens«-Entscheidungen diese als hilfreiche Tools in unserer *planetarisch* systemischen und kollaborativen Verantwortung und Mitgestaltung bewerten.

Die zweite Klärungsphase wäre dann, das persönliche »Mögen« als »möglich sein« zu bewerten. Die Gründe für diese Weisheit wurden bereits ausführlich ausgeführt. Nur mit dieser Entscheidung öffnen wir unsere inneren und äußeren Wahrnehmungsorgane für die Wahrnehmung von Möglichkeiten, wie dieses »Gemochte« durch mich oder im Zusammenwirken mit anderen möglich *gemacht* und möglich *werden* kann.

Das »Möglichmachen« nährt sich aus der zuvor beschriebenen Entscheidung, und zwar dementsprechend wie klar, stabil und resilient diese Entscheidung war oder im Laufe des eigenen Wirkensprozesses wird. Dasselbe gilt dann auch für das sich einstellende konkrete »Möglichwerden« (und dem Umgang mit »Problemen«, die unterwegs auftauchen – dazu mehr im nächsten Beispiel einer ver-rückenckenden Begriffstransformation).

Die fünfte Dimension meint dann die *Haltungen* und die *Kompetenzen*, die wir brauchen und unwillkürlich – ja fast könnte man sagen »automatisch« – lernen und erwerben, um das »Möglichwerden« durch eigenes Handeln und in Kooperation mit anderen zu *vermögen*.

Dieses »vermögen« als Tunwort beziehungsweise Verb wird dann unvermeidlich auch zu »Vermögen« als Substantiv und damit im besten Wortsinne ein »Hauptwort«. Gemeint ist dies dann als Haltungen- und Kompetenzen-Vermögen, das ich als »Vermögen« nutzen und einsetzen kann für *jegliche* künftige Lebensaufgabe oder für jeglichen weiteren Lebensglückswunsch. Dass diese Art von Vermögen auch mit sehr hoher Wahrscheinlichkeit für die traditionelle Wortbedeutung von Vermögen entsprechende Effekte mit sich bringen dürfte, beschreibe ich im siebenten Kapitel näher.

Die Entwicklung und Erweiterung der eigenen Imaginationskompetenz ist somit zutiefst verbunden mit dem hier so wichtig genommenen ver-rückenden Transformationsprozess unseres Begriffs »möglich« und der in diesem Begriff inkludierten Er«möglich«ungslogik.

»Probleme« – Warum verwenden wir den Begriff *Probleme* eigentlich fast immer so, als würde er *Kontra*bleme heißen? Soll uns *Pro*bleme mit der Vorsilbe »pro« – also »für« – darauf stoßen, dass jedes Problem »für« etwas gut ist, *für* eine Erkenntnis, *für* einen Lernprozess? Wie Muhammad Yunus in einem Interview sagte: »Wir haben hier in Bangladesch so viele Probleme, dass wir irgendwann beschlossen, Probleme als Rohstoff für neuartige Lösungen und Innovationen aufzufassen.« Oder wie Steve de Shazer es einmal formulierte: »Das Reden über Probleme schafft Probleme. Das Reden über Lösungen schafft Lösungen.« Wenn wir Probleme vor allem als – herzlich willkommenes – »Feedback der Realität« verstehen, dass unsere bisherigen Vorstellungen zu jenen Themen und Zusammenhängen, die davon gerade betroffen sind, noch nicht jene Konsistenz und Qualität haben, mit denen wir sie problemlos problemlösend nutzen und meistern können – dann haben wir den entscheidend unterscheidenden Schritt bereits getan. Dann sind *Pro*bleme für uns »Einladungen zum Weiterdenken«. Wenn wir sie in dieser Weise wertschätzen und nutzen, werden wir später sehr erstaunt sein, welche hilfreiche Rolle diese in unserer Weiterentwicklung spielen werden.

Nicht wenige Menschen sind bereits im Rückblick auf einige ihrer eigenen Probleme zu der Sichtweise gelangt, dass diese außerordentlich wertvoll waren für ihre persönliche Entwicklung und ihre persönlichen Learnings. Bei meinen Impulsvorträgen, Workshops oder auch bei persönlichen Gesprächen bringe ich oft meine persönliche Transformation des Begriffs »Probleme« ein und was diese für mein Leben bedeutet hat. Von sehr vielen Menschen erhielt ich bei einem späteren Wiedersehen teils nach Jahren und sogar Jahrzehnten das Feedback, dass sie sich diese »ver-rückende Wortbedeutung« damals zueigen gemacht und in sich verankert haben.

Robert Jungk, der Gründer der Zukunftsforschung, gab einmal dieses Statement ab: »In einer verrückten Welt muss man ver-*rückt* sein, um normal sein zu können.« Er meinte: für eine bessere persönliche und kollektive Zukunft. Das »Ver-rückte Wörterbuch« ist das spielerische Tool für diese Transformationsarbeit, damit wir das not-*wendige* Ver-*rücken* unseres Wahr*nehmens mög*lich, *wirk*sam und *wirk*lich werden lassen.

… erste eigene Versuche:

Nun sollte es jeder selbst versuchen, mit folgenden Begriffen und Fragen assoziationsspielerisch in deren tiefere und visionsmächtigere Bedeutungsdimensionen vorzustoßen:

- Hat ***Scheitern*** etwas mit »g'scheiter« werden zu tun?

- Geriet in den Begriff ***»Wertschöpfung«*** der Teil »*Wert*« vielleicht nicht zufällig – und sollten wir künftig nicht vielleicht von ***Werte-**schöpfung* sprechen, was dem Begriff ein viel ganzheitlicheres und wertvolleres Verständnis verleiht – beispielsweise in Richtung einer Kreislaufwirtschaft? Und ist **Wert*schätzung*** im menschlichen Miteinander vielleicht die wertvollste und effektivste wechselseitige Schatz-Hebung der besten Schätze des Menschseins? Und ist dann vielleicht »Wert(e)schöpfung durch Wertschätzung« das neue Erfolgsgeheimnis für eine Ökonomie, in der die Förderung der »zutiefst menschlichen Werte und Kompetenzen« zum zukunftsentscheidenden Erfolgsfaktor wird? (Mehr dazu in Kapitel 5 und 7.)

- Wie wäre es, wenn wir der Spur nachgehen, dass ***Gehorsam*** mit seinem Kern des Hörens, Lauschens etwas ganz anderes meinen könnte und sollte als blindes Befolgen von Befehlen von Autoritätspersonen – stattdessen beispielsweise die besondere Qualität des Lauschens auf die inneren Lebenszusammenhänge unseres Universums? Für mich persönlich war der Begriff »Gehorsam« absolut kontaminiert, toxisch, mit Horrorgefühlen verbunden, nachdem ich im Geschichtsunterricht lernte, wie dieser in autokratischen Kontexten als menschenverachtendes, ja entmenschlichendes Unterdrückungsinstrument verwendet wurde. Daher musste ich für mich persönlich dieses Denken auch äußerlich sichtbar aufheben, um dieses Horrorwort endgültig radikal umzudeuten, zu reframen. Für mich heißt das neue Wort nunmehr »gehörsam sein«.

- Haben »to ***love***«, »to ***live***«, »to ***believe***« nur zufällig einen so ähnlichen Sound und Begriffsgrund, oder wie ist deren Zusammenhang und Zusammenspiel?

- Sollten wir den so offensichtlich wichtigen Begriff der ***»Ursache«*** nicht hinterfragen und neu framen mit dem Denken von Alfred Adler, Otto Scharmer und vielen anderen in Richtung teleologischer Ursachen beziehungsweise der »Verursachung« von Entwicklungen durch ein »Denken von der Zukunft her«? Wäre nicht auch dies eine Befreiung von viel zu verengendem Denken zu einem zeitgemäßen Denken menschlicher Handlungsmöglichkeiten als Co-Kreator der Kreation Planet Erde – also von der »Woherkunft« zur »Wozukunft«?

- Warum verpassen wir dem Begriff der **»Langeweile«** ein derart schlechtes Image? Wissen wir nichts Besseres damit anzufangen? Wenn wir diesen Begriff in zwei zusammenhängende Begriffe zerlegen – also in »Lange Weile« –, dann bewegen wir uns sofort in einer völlig anderen und weit wertvolleren Denk- und Begriffswelt.

- Wenn uns der Begriff der **»Entscheidung«** allzu autopilothaft in die Vorstellung einer notwendigen Entscheidung für eine von mehreren Optionen führt, dann könnten wir diese spontane Imagination vielleicht durch folgende zu einem deutlich tiefergehenderen Entscheidungs-Verständnis führen: Wenn wir Entscheidung einfach einmal wortspielerisch experimentierend als »Ent-Scheidung« lesen, dann wird der Vorgang der Entscheidung zu einem Vorgang einer **Ver-Bindung** mit einer Handlungslinie. Und wenn wir dann über die Wortbedeutung von Verbindung sinnieren, ist die Überlegung nicht weit: Warum sollten wir nicht auch Entscheidungen treffen können, die Dinge miteinander verbinden, die wir bisher als unvereinbar gesehen haben? Damit landen wir dann plötzlich mitten in einer Denkweise, die viele Zukunftsforscher als das vielleicht allergrößte Geheimnis von Zukunfts-Imaginationen in diesem Zeitalter sehen: Die Kombinatorik. Was nichts anderes heißt, Dinge miteinander zu kombinieren, die bisher noch niemand miteinander kombiniert hat. Ein Beispiel? Der Erfolg von Apple beruht nach allgemeiner Erkenntnis in der Kombinatorik von High-Tech-Kompetenz mit Intuition und Ästhetik. Mehr dazu dann im Kapitel fünf. So viel vorweg: Entscheidungen dieser

Art von Verbindungen sind die Meisterschaft der Imaginationskompetenz.

- Und sollten wir nicht auch beim Begriff der **»Lösung«** darüber nachdenken, ob er uns möglicherweise noch mehr und Tieferes sagen will, als »Lösung einer Aufgabe oder eines Problems«? Entstehen viele »Probleme« im Sinne echter, tiefgreifender Herausforderungen dadurch, dass wir Probleme damit haben, uns von unseren eingefahrenen bis eingerosteten Denkmustern zu befreien? Besteht das Wesen der Lösung substanzieller Challenges nicht oft im »Sich-Lösen« von nicht oder nicht mehr passenden »Lösungs«-Schablonen? Kann uns die in uns verankerte Präsenz auch dieser möglichen »Lösungsbedeutung« viel schneller und effektiver zu »Lösungen« in deren doppelter Wortbedeutung verhelfen?

- Über dem (derzeit im Umbau begriffenen) Stuttgarter Hauptbahnhof steht dieses Zitat von Hegel: »Und der größte aller Fehler ist, keine Fehler machen zu wollen.« **»Fehler«** sind Einladungen zu der Frage: »Und was *fehlt* noch? Was haben wir noch übersehen beziehungsweise welche andere Sichtweise auf dieses Thema haben wir noch nicht gesehen und entdeckt?« Fehleroffenheit ist Offenheit für viele neue, ungewöhnliche und genau deshalb besonders wertvolle bis zu sprunginnovativen Entdeckungen anderer »Als-ob«-Versuche unserer Zukunftswahrnehmung und Zukunftsgestaltung. Damit haben wir weitaus bessere Chancen dem Erfahrungswert Rechnung zu tragen, den Albert Einstein auf den Punkt brachte: »Probleme können nie mit dem Denken gelöst werden, das sie hervorgerufen hat.«

Wenn wir unser persönliches »Ver-rücktes Wörterbuch« beginnen und damit immer weiter nach- und vor-denken, erhöhen wir unsere Lernqualität und Lerngeschwindigkeit immens. Also: Raus aus unserer Gewohnheit, die in diesem neuen Zeitalter allzu leicht Gedanken-Wohnorte in Gefängnisqualität sind. Brechen wir unsere bisherigen »Gewohn(ein)heiten« auf und werden wir zu Architekt:innen vieler Wohnoptionen!

Eine Einladung und Anleitung, wie wir alle unser ganz persönliches »Ver-rücktes Wörterbuch« schreiben können

Damit der Einstieg ins Schreiben eines eigenen ganz persönlichen »Ver-rückten Wörterbuchs« möglichst leicht fällt und möglichst viel und dauerhaft Spaß macht und möglichst viel Sinn und Transformationsqualität generiert – und wir alle unser persönliches »Ver-rücktes Wörterbuch« als immer wieder neu faszinierendes Frei- und Fitmachprogramm für unsere Imaginationskompetenz erleben können – habe ich mich entschieden, parallel zu diesem Imaginationsbuch ein eigenes kleines Trainingsbuch zusammenzustellen mit mehreren weiteren Autor:innen unter dem Titel »INSIDE WORDS – (M)EIN VER-RÜCKTES WÖRTERBUCH«[10]., das auch »DUDENkst« hätte heißen können, wie die Illustration imaginiert. »Inside Words« ist so angelegt, dass es einerseits tatsächlich mein ganz persönliches authentisches »Ver-rücktes Wörterbuch« ist und zugleich das ganz persönliche authentische „Ver-rückte Wörterbuch" der weiteren Mitautor:innen – und darüber hinaus auch noch eine Einladung und Anleitung, wie wir alle unser ganz persönliches »Ver-rücktes Wörterbuch« starten und pflegen können.

Als gelungen würde ich dieses kleine Arbeitsbuch dann ansehen, wenn es für Sie, liebe Leserin und lieber Leser, ein möglicherweise zunächst eher zögerliches »vielleicht bringt es ja was« in ein »wie viel jetzt plötzlich ganz leicht geht!« verrückt. Wenn mein Aufschlag-Arbeitsbuch diese Qualität noch nicht hat: Wunderbar, dann schaffen wir eben gemeinsam diese fortlaufende Qualitätsverbesserungen! Denn: Damit das Schreiben an persönlichen »Ver-rückten Wörterbüchern« so richtig zum neuen Volkssport wird, soll dies zugleich der Einstieg sein, um kollaborativ im Wiki-Modus gemeinsam und mit Ihren und vielen weiteren besten Begriffsarbeiten aus persönlichen »Ver-rückten Wörterbüchern« an einem »Ver-rückten WeQ-pedia« zu arbeiten.

---

10 Peter Spiegel mit weiteren Autor:innen: INSIDE WORDS. (M)EIN VER-RÜCKTES WÖRTERBUCH. Wie wir unsere wertvollsten Begriffe eigenmächtig so wertvoll wie möglich machen. Entscheidungen, Lösungen, Probleme und einige Begriffe mehr. 2025. Ca. 140 Seiten. Format 21,5x21,5 cm. Broschur (in Vorbereitung)

Illustration: Mey Sarah Spiegel

Welche Bedeutung unsere Selbstermächtigung zur korrigierenden und sinn- wie nutzenverstärkenden Neuaufladung unserer Schlüsselbegriffswelt haben kann, soll hier am Beispiel einer spezifischen Form von Meditation veranschaulicht werden.

»InSight« – Die WeQ-Dimension von Meditation

Deren eigenwillige Namensgebung »InSight« deutet bereits darauf hin, dass gerade in meditativen Texten die dort verwendeten Begriffe oft *Vielfachbedeutungen* andeuten möchten. Diese Form von Meditation ist explizit eine Einladung zur vertieften und immer weiter vertiefenden vielfältigen »Innensicht« (»InSight«) der verwendeten *Schlüsselbegriffe* sowie deren Bedeutungs-*Zusammenspiele* im jeweiligen meditativen Text, aus denen immer mehr und neue »Einsicht« und »Erkenntnis« (»Insight«) geboren werden.

Bei der Meditationsform »InSight« kommen Menschen in überschaubaren Gruppen bzw. Teams von fünf bis zehn Personen zusammen zur jeweils ganz persönlichen, individuellen Meditation über einen gemeinsam ausgewählten Text aus den reichlichen Weisheitsschätzen aller Menschheitskulturen. Sie artikulieren in der Runde nach und nach und in Ruhe, was dieser Text in ihnen auslöst, welche Assoziationen in ihnen aufsteigen, welche Gefühle, Entdeckungen und mehr. Dann geben sie mit einem »Weiter« das Wort an den/der Nächsten in der Runde weiter und alle lauschen auf dessen/deren individueller Meditation – und so darf und sollte es gerne in aller Ruhe mehrere Runden fortgesetzt werden. Wichtig ist die Spielregel: Es sollte keinerlei Kommentare zu den artikulierten individuellen Meditationen geben. Sondern ausschließlich ein jeweils eigenes individuelles Meditieren – und ein Lauschen, ein meditatives Zuhören bei den Meditationen der anderen. Durch diese schlichte Form kommt zum Bereichern unserer sehr persönlichen Meditation noch eine weitere Bereicherung hinzu: das *tief an der Meditation von anderen Mitmenschen teilhaben* können.

Das erstaunliche an dieser zusätzlichen »WeQuality« der »InSight« Meditationsdimension: Jede und jeder Teilnehmende fühlt sich auf seiner/ihrer persönlichen Meditationsreise um neue und inspirierende meditative Erlebens- und Betrachtungsweisen bereichert – und fühlt nach diesem ungewohnten zuhörintensiven Gruppenerlebnis mit allen anderen Teilnehmenden erheblich intensiver und näher verbunden als zuvor und ist mit Dank erfüllt für das multiple und besonders visionsbereichernde Erlebnis. Einmal tief erfahren, kann man diese Meditationsform auch alleine durchführen, und zwar in der Form, dass man »die Anderen« sich mit empathischen Hineinfühlen in imaginierte reale Personen »in die Runde« holt.[11]

Denken mit vielen Köpfen – Fühlen mit vielen Herzen!

Dies führt uns zu einem weiteren Vertiefungsweg unserer Visions- und Imaginationskompetenz: zu der uns allen als Menschen mitgegebenen Fähigkeit, mit vielen Köpfen zu denken und mit vielen Herzen zu fühlen.

---

11 »InSight« als »Die WeQ Dimension von Meditation« ist in dem vorgenannten Arbeitsbuch »INSIDE WORDS. Mein ver-rücktes Wörterbuch« ausführlich erklärt und mit inspirierenden Meditationstexten angereichert.

Auch wenn jede und jeder von uns nur einen Kopf und ein Herz hat, so ist uns als Mensch eine herausragende Fähigkeit gegeben, die uns deutlich von allen anderen Mitgeschöpfen aus diesem Planeten unterscheidet: Uns tief in andere Menschen hineinzuversetzen. In ihre Gedanken und in ihre Gefühle. Wenn wir uns Filme wie »Gandhi« in Erinnerung rufen, dann berührt uns sehr stark, wie sich Ben Kingsley in die Rolle des Mahatma Gandhi hineinbegab, deutlich über dessen Worte, Denken und Fühlen hinaus. Er *war* für uns Gandhi.

Change History – Unsere Lebens-Schlüssel-Erinnerungen verwandeln

Jede und jeder von uns trägt ein unschätzbar großes und bisher noch kaum genutztes Entwicklungspotential in sich, das man als *multiple Imaginations- bzw. Visionskompetenz* bezeichnen könnte. Wer dieses Potential erahnen möchte, für den gibt die Wirkung des (selbst-)therapeutischen Tools des sogenannten *Change History* vielleicht den hilfreichen Impuls. Bei *Change History*, das aus dem NLP kommt, ist ein Klient aufgerufen, eine schmerzhafte Erinnerung sich bildlich vor sein inneres Auge zu holen, beispielsweise die Szene seiner frühesten Kindheitserinnerung. Er soll sich dann eine Person in diese Szene holen, die ihm dabei hilft, dass diese Geschichte sich entscheidend verändert und der Schmerz vollständig gelöst wird. Die Person kann er selbst sein als heutiger Erwachsener mit seinem heutigen Lebensbild und Erfahrungsschatz, oder ein Freund, ein Therapeut oder auch ein imaginierter Gandhi oder Jesus und dessen imaginiertem Denken und Fühlen.

Meine persönliche *Change History* Erfahrung war diese: Meine früheste für mich besonders schmerzhafte Kindheitserinnerung war eine Szene in der Schule, bei der der Religionslehrer mich vor der gesamten Klasse bloßstellte mit der Bemerkung: »Der Spiegel steht mal wieder auf der Leitung.« Für mich war diese Erinnerung das Symbol für meine Außenseiterrolle. Ich ging in diese Szene als Erwachsener hinein, beobachtete und hörte in der hintersten Bank das Geschehen und sprach dann den Lehrer vor der Klasse an mit der Frage, ob er sich vorstellen kann, wie sehr seine Bemerkung den kleinen Peter verletzte und dass er sich wünsche, er denke darüber sehr intensiv nach. Sehr interessant ist der dadurch eingetretene Effekt: Ich hatte ab diesem Zeitpunkt eine völlig veränderte Erinnerung: Ich erinnerte mich nur noch an die Version mit meiner eigenen Lösung als Erwachsener. Die schmerzhafte Erinnerung war dauerhaft überspielt durch die Lösungserinnerung, und diese war nur noch mit ausgesprochen glücksspendenden Gefühlen verbunden. Mehr noch: Diese Erinnerung war ab diesem Zeitpunkt ein universelles Memo, das mich dazu motivierte, sukzessive eine belastende Erfahrung nach der anderen nach demselben Modell mit einer befreienden Lösung zu überschreiben. *Change History* ist daher ein wunderbares Beispiel für visionsmotivierte innere Dialoge und Empathie-Entwicklungen mit und für sich selbst.

Bei der Übung *Change History* gelingt es vielen Menschen, zu ähnlich erfolgreichem Verändern einer bisher persönlich nachhaltig belastenden Kindheitserinnerung in ein nachhaltig befreiendes Erinnern an eine selbst erzeugte erfolgreiche Problemlösung zu gelangen. Wenn dies gelingt, ist dies meist mit einer nachhaltigen und grundlegenden Veränderung der Lebenshaltung zur eigenen Problemlösungskompetenz verbunden. Wenn *Change History* nicht zu diesem Ergebnis führt, ist dies kein Grund für ein Kopf-hängen-lassen. Es gibt sehr viele andere Wege zu dem gewünschten Effekt der Befreiung durch Imaginations-Tools. Nicht für jeden Menschen ist dasselbe Instrument, Tool, Mittel etc. der beste Hebel zu einer befreienden »nützlichen Fiktion« im Sinne von Hans Vaihinger, zu einer Imagination mit der Qualität, zu besseren Lösungen zu gelangen als bisher.

Dialog mit mir selbst

Ein weiterer wunderbarer Hebel in diesem Sinne ist der »Dialog mit mir selbst«. Er geht auf Erik Blumenthal zurück, einem der wichtigsten Schüler von Alfred Adler. Auf eine Frage, auf welchen Wegen Menschen ihren »Lebensstil« – womit Adler das frühkindlich gewachsene Grundmuster des eigenen Blicks auf das Leben meint – *verändern* können, nannte Blumenthal diese vier Wege:

- durch Therapie,
- durch eine:n sehr gute:n Freund:in,

- durch einen starken spirituellen Impuls
- oder durch Selbsttherapie.

Oder natürlich auch durch Verschränkungen aus diesen Grundwegen. So kann beispielsweise Therapie nach Ansicht fast aller psychologischer Schulen nicht ohne Selbsttherapie gelingen. Und Selbsttherapie kann sich umgekehrt für die Mitnutzung jedes der anderen Grundwege entscheiden.

Die Selbsttherapie, wie sie Blumenthal beschrieb, ist in ihrem Kern ein innerer Dialog mit sich selbst. Im Sinne der Individualpsychologie ist es vor allem ein Dialog zwischen mir als dem heutigen Menschen, der den Wunsch nach einem besseren, problemlösungsstärkeren Leben hat, und seinem »kleinen Peter«, seiner »kleinen Petra« (bitte hier immer den eigenen Namen einsetzen) in sich. Der »kleine Peter« beziehungsweise die »kleine Petra« steht für all jene eigenen »Lebens- und Weltbilder« in mir, die sich bei mir durch frühkindliche Erfahrungen und deren frühkindliche Deutungen bildeten. Als erwachsener Mensch erlaube ich mir nun, diese in Dialogen penetrant in Frage zu stellen oder genauer: sie innerlich »laut und deutlich« zur Seite zu stellen und dem »kleinen Peter« bzw. der »kleinen Petra« mitzuteilen, dass man sich dafür unwiderruflich entschieden hat, nach besseren Antworten zu suchen (und gerne natürlich diese in diesem Dialog auch erläutert, erklärt).

Diesen »inneren Dialog« kann man selbstverständlich auch mit seinen »Autopilot«-Antworten auf unsere Lebensgestaltung führen, den Rüdiger zuvor beschrieben hat. »Autopilot«-Muster stecken in unterschiedlichen Variationen definitiv und zuhauf in unseren frühkindlich geformten Lebensstilen.

Die Routine des inneren Dialogs ist deshalb so wichtig und wertvoll, weil sowohl der Autopilot, wie ihn Rüdiger beschrieben hat, als auch der früh gebildete Lebensstil, wie ihn Adler beschreibt, eine unverzichtbare und damit auch sehr wertvolle Rolle in unserem evolutiv-kollektiven wie auch in unserem lebenszeitlich-individuellen Menschwerdungsprozess spielen. Ihr Wert war jedoch schon immer zeitlich begrenzt. Der Veränderungsbedarf auf der Zeitachse der menschlichen Evolutionsgeschichte war bis vor kurzem noch relativ gemächlich. Der Veränderungsbedarf der frühkindlichen Lebensstile hatte da noch eine völlig andere Geschwindigkeit. Doch in beiden Horizontdimensionen ändern sich die Lebensanforderungen in unserer jetzigen Zeit so exponentiell schnell *und* so existentiell tiefgreifend wie nie zuvor. Der hier kurz skizzierte innere Dialog und seine Verankerung in unserem Leben als neue Lebensroutine hat daher schlicht existenzielle Bedeutung und existenziellen Wert.

»Die wertvollste Sekunde im Leben«

Um dieser Bedeutung gerecht werden zu können, sei hier noch eine Routine angesprochen, die mit der vorherigen wunderbar in wechselseitiger Bestärkung funktioniert und den großen Vorteil hat, dass sie tatsächlich jeweils nur eine Sekunde in Anspruch nimmt.

Gemeint ist hier jene Sekunde, die man bei dieser Übung bewusst zwischen einen Reiz und eine Reaktion schiebt. Diese Sekunde soll man dann dazu nutzen, sich kurz zu fragen, welche Werte man bei seiner Reaktion beachten möchte. Das kann einfach zum Beispiel mehr Achtsamkeit, mehr Empathie oder mehr Zuhörenwollen sein oder ein Erkenntnisgewinn aus unseren vorherigen inneren Dialogen. Anstatt eines Werts, der einem wichtig und wertvoll ist, kann man auch einen jener Begriffe kurz ins Gedächtnis rufen, den man in seinem persönlichen »Ver-rückten Wörterbuch« für sich neu definiert hat – wie z. B. »*Pro*bleme als Einladungen neu zu denken«. Man wird erstaunt sein, wie dies die Reaktion verändert und wie leicht und effektiv diese Übung ist, die man durch wiederholte Übung zudem rasch zu einer Gewohnheit werden lassen kann. Und man wird erstaunt sein, dass jeweils eine einzige Sekunde locker reicht für die »Erinnerung« an eine der besseren Lösungen, die man sich durch eine der genannten Übungen oder auch z. B. durch regelmäßige Achtsamkeitsübungen bis dahin »erarbeitet« hat. Diese fließt dann – dank der eingeschobenen Sekunde zwischen Reiz und Reaktion – mit erstaunlicher Selbstverständlichkeit in eine wertschätzendere Reaktion gegenüber dem jeweiligen Gegenüber ein. Da eine einzelne Übung dieser Art nur eine Sekunde dauert, kann man diese Übung spielend leicht auch zehn- oder sechzigmal am Tag durchführen. Mit dieser Gewohnheit an tagtäglichen Lebensstellen solcher »kostbarsten Sekunden des Lebens« steigert und verankert man die eigene Visionskraftentfaltung nachhaltigst.

ÜBUNG

Sekundenblitze für »die wertvollsten Sekunden im Leben«

An dieser Stelle können wir nun zwei der in diesem Kapitel angesprochenen Routinen für die Stabilisierung der neuen visionären Routen miteinander verbinden. Die Übung ist einfach, aus den zuvor genannten »ver-rückten« Begriffsverständnissen eine auszuwählen – oder natürlich liebend gerne auch ein selbst »ver-rücktes« Verständnis eines persönlich besonders wichtigen ganz anderen Lebens-Schlüsselbegriffs – und dieses dann in eine sehr kurze knackige Formulierung zu bringen. Warum kurz und knackig? Weil wir uns dann vornehmen und umsetzen sollten, dieses sinn-verstärkend transformierte »ver-rückte Wort« mit der dazu gewählten Kurzdefinition fortlaufend in die eine Sekunde zwischen Reiz und Reaktion an passenden Stellen im Alltag zu schieben. Lediglich als ein Beispiel für einen solchen möglichen »Sekunden-Satz« sei hier dieser angeführt:

»**Pro**bleme sind Einladungen zum Neudenken.«

Am besten, Sie überlegen sich gleich drei derartiger »ver-rückter« Begriffsdefinitionen aus und fangen mit der ersten an, sie möglichst jeden Tag mindestens einmal und gerne auch mehrmals einzusetzen. Wenn Sie es sich zutrauen, dann natürlich gerne auch zwei oder alle drei, die Sie hier nun eintragen:

....

....

....

Fügen Sie diese Kurzsätze auch in ihrer ganz persönlichen Sammlung ihres ganz persönlichen »ver-rückten Wörterbuch« in der dafür von Ihnen gewählte Form eines Vokabelhefts oder eines Word- oder sonstigen digitalen Dokument ein – z.B. ganz am Anfang in dafür freigelassenen 1–3 Seiten oder ganz am Ende.

Wie kann sich ein ganzes Unternehmen auf eine Routinen-Reise zu neuen visionären Routen begeben?

Im Zuge meiner Imaginations- oder Visions-Arbeit mit Unternehmen stieß ich vor einigen Jahren auf Paul Habbel. Er war bis 2018 Geschäftsführer der Firma Gutmann Aluminium Draht GmbH (GAD) im bayerischen Weißenburg, die zur Gutmann-Gruppe gehört. Dieser Unternehmensverbund beliefert unter anderem Kunden aus der Automobilzuliefererindustrie, der elektrotechnischen Industrie oder Maschinenbauer etc. Er erzählte mir diese Geschichte, die mich deshalb besonders beeindruckt hat, weil sie zeigte, wie einfach die Routen und Routinen sein können zu einer derart tiefgreifenden Neu-Imagination eines ganzen Unternehmens.

Die Krise im Jahr 2008/2009 ging auch an der Firma GAD nicht spurlos vorbei. Das Unternehmen büßte 45 % seines Umsatzes und viele Arbeitsplätze ein. Für Paul Habbel war klar, dass sich das Unternehmen neu erfinden müsse, um den kommenden Herausforderungen gewachsen zu sein. Ihm war bewusst, dass die Weiterentwicklung des Unternehmens eine große interne Veränderungsaufgabe für das gesamte Unternehmen darstellen würde und nur funktionieren könne, wenn es sich um einen von allen getragenen Prozess handelt.

Bei der Beschäftigung mit möglichen Zukunftswegen begegnete ihm zum ersten Mal das Thema *Purpose*, auf Deutsch: Daseinszweck. Herauszufinden, welchen Daseinszweck die Firma Gutmann in der Welt erfüllen sollte und kann, war ab da Paul Habbels Hauptmotiv.

Kurz darauf saßen in einer angemieteten Sporthalle etwas über 120 Mitarbeiter, Lieferanten und die gesamte Führungsetage zusammen und entwickelten gemeinsam Visionen und Schritte in eine neue Zukunft des Unternehmens. Dabei wurde nicht nur die wirtschaftliche Zukunft besprochen, sondern ebenso überlegt, wie ein Arbeitsumfeld geschaffen werden kann, in dem jeder Freude an seiner Arbeit hat. Die Visionsarbeit wurde in einer Open Space Veranstaltung durch eine besondere Form des Dialogs auf Augenhöhe und des achtsamen Zuhörens unterstützt. Es wurde in verschiedenen Runden in unterschiedlichsten Konstellationen gearbeitet, um viele unterschiedliche Perspektiven in die Visionsarbeit zu integrieren und etwas zu entwickeln, womit sich jeder identifizieren kann.

Die Anfänge des Transformationsprozesses

Schon vor der Firmentransformation befasste sich Paul Habbel mit dem Thema Achtsamkeit und war überzeugt, dass die damit verbundene Form der Begegnung auf Augenhöhe den gesamten Changeprozess der Firma Gutmann Aluminium Draht prägen müsse. Eine besondere Inspiration war für ihn ferner ein Dokumentationsfilm auf ARTE mit dem Titel »Mein wunderbarer Arbeitsplatz«. Dieser zeigt Unternehmen, die sich auf den Weg gemacht haben, die Art und Weise ihrer Arbeit grundlegend zu verändern. Paul Happel schaute sich diesen Film daher gemeinsam mit seinen Führungskräften an, verknüpft mit der Frage, ob sie in Zukunft ebenso arbeiten wollten.

Die Reaktionen auf den Film waren positiv, aber auch Fragen entstanden wie: »Was macht das mit uns? Ist unser Arbeitsplatz dann noch sicher?« Der nächste Schritt war ein Treffen mit allen Mitarbeitern, um diesen Film zu schauen und im Anschluss auch diese zu fragen, ob sie einen solchen neuen Weg der gemeinsamen Arbeit einschlagen wollen. Alle 130 Mitarbeiter votierten einstimmig und begeistert dafür.

Im Rahmen eines World Cafes wurden die anliegenden Themen unter professioneller Anleitung angegangen. Das World Cafe bot einen sicheren Raum, um die verschiedenen Sichtweisen und Herangehensweisen bezüglich der Themen voneinander kennenzulernen, Ziele und Zusammenhänge zu erkennen und neue Umgangsformen zu erleben. Die Arbeit im World Cafe ist davon geprägt, kooperativ zu handeln, genau hinzuhören, zu hinterfragen, konstruktiv zu diskutieren und so gemeinsam Probleme zu lösen.

Die Anfangsphase war sehr intensiv, da das Tagesgeschäft nicht vernachlässigt werden durfte. Es wurde von 7-13 Uhr an den Themen gearbeitet und dann ging es mit der normalen Arbeit weiter … Mit dem Ergebnis, dass es 14 Tage später keine Schichtleiter mehr gab, dass mit den Mitarbeitern gemeinsam die Gewinn-und-Verlust-Rechnung im Unternehmen durchgegangen wurde, dass alle transparent wussten, wo die Firma steht, dass auch die Zulieferer und Kunden viel stärker in die Visionsentwicklungsprozesse eingeladen und einbezogen wurden – und vieles mehr.

In einem weiteren Workshop machten sich Paul Habbel und seine

Kolleg:innen auf die Suche nach dem *Purpose* der Organisation und nutzten dabei Theorie-U-Methoden nach Otto Scharmer, um mit der sich entfalten wollenden Zukunft in Verbindung zu treten und aus diesen Gedanken und Empfindungen ein lebendiges Visionsbild zu entwickeln. Wodurch die Idee zur Formulierung des Daseinszwecks der Firma entstand: »We wire the world«, »Wir vernetzen die Welt.« Ein Aluminiumdrahthersteller, der nicht nur durch Aluminiumdrähte, sondern auch mit neuen Formen des Dialoges Menschen miteinander vernetzt.

Die neu gelernten Formen des Dialoges, wo Menschen auf Augenhöhe ihre Perspektiven mit einem offenen Geist anhören und gemeinsam nach neuen Wegen suchen, wurde von den Mitarbeiter:innen von GAD so positiv aufgenommen, dass sie diese dann auch in ihren Vereinen, Familien und in den Landkreis einbrachten.

Wandel zur Netzwerkorganisation und zu visionärem Management

Paul Habbel wurde im Zuge des gemeinsam begonnenen Veränderungsprozesses klar, dass sich die Firma einer riesigen organisatorischen Herausforderung gestellt hat: Sie musste zu einer Netzwerkorganisation werden – einer neuen Organisationsstruktur mit veränderten Rollen und Aufgaben, die das Unternehmen flexibel genug machen für die kommenden neuen Herausforderungen.

Visionäres Management bedeutet aus Sicht von Paul Habbel, dass sich die Organisation zuerst ihres Purposes bewusst ist, genau weiß, zu welchem Zukunftsbild sie beitragen möchte und welche Rolle sie bei der Verwirklichung der Vision spielen möchte. Vor allem junge Leute schauen ganz genau, wie ein Unternehmen zum gesellschaftlichen Wandel beiträgt. Wenn ein Unternehmen diese Fragen authentisch und überzeugend beantworten kann, trägt dies stark zur Unternehmensattraktivität bei. Visionäres Management bedeutet für Paul Habbel, dass die Entstehung von Zukunftsbildern gefördert wird, die positive Emotionen wecken und diese über den finanziellen Gewinn als solches hinausgehen.

Der visionäre Prozess kann im Grunde auf allen Ebenen einer Organisation angeschoben werden. Am sinnvollsten erscheint es Paul

Habbel jedoch, diesen in den oberen Führungsetagen zu beginnen, da dies die größte Strahlkraft hat. Visionskompetenz bedeutet dabei aber auch eingestehen zu können: »Ich weiß nicht wie es geht.«

Die Arbeit eines visionsorientierten Netzwerkes ist über Tätigkeiten statt Arbeitsplätze strukturiert. Um in dieser Art der Netzwerkorganisation gemeinsam zu arbeiten, braucht es eine hohe Kompetenz der Selbstführung. Für einige bedeutete dies eine Befreiung, für andere war es nicht das Richtige, sodass auch Mitarbeiter die Firma während der Transformation verließen. Programme zum Erwerb von Future Skills können Unternehmen und allgemein Organisationen wie auch allen Mitarbeitenden helfen, dass ein solcher Wandel von Organisationen für alle das Richtige ist, so die Kernerkenntnis von Paul Habbel. Seit seinem Weggang von GAD berät und begleitet er nun andere, vor allem mittelständische, Unternehmen bei ihrer Visions- und Transformationsarbeit.

KAPITEL 4

LEBENSSCHWERPUNKTE RELOADED

Den eigenen Kompass neu kalibrieren
Rüdiger Fox

Bevor Sie sich den folgenden Kapiteln des Buches zuwenden, wäre es an dieser Stelle angebracht, wenn Sie kurz innehalten und versuchen zu spüren, welche Emotionen gerade bei ihnen dominieren.

Denn unsere Absicht in den bisherigen Kapiteln des Buches war es zunächst, Sie dazu zu motivieren, sich in die Bereiche all derjenigen stillschweigenden Standardannahmen über das Leben vorzuwagen, die uns die meiste Zeit unseres Lebens ganz unbewusst leiten. Ob sie aus unserer evolutionären Vergangenheit stammen, auf unseren bisherigen Erfahrungen beruhen oder auch nur die Geschichten oder Modelle sind, die wir von unserem sozialen Umfeld übernehmen: wir sind voll von Mustern, was »richtig« und was »falsch« ist, was »sicher« und was »gefährlich« ist, was »funktioniert« und was »nicht funktionieren kann«, und richten uns und unsere Pläne in den meisten Situationen ganz automatisch danach aus.

Diese stillen Annahmen wirken wie verspiegelte Wände, die wir nur bei genauem Hinschauen bewusst wahrnehmen, während sie ständig die Grenzen unserer Vorstellungskraft festlegen und dadurch für uns einen großen Teil unseres Lebensweges bereits vorzeichnen. Und sie sind im Alltag in der Regel tatsächlich auch sehr hilfreich, weil sie nicht nur für uns in Standardsituationen schnelle Entschlüsse erlauben, sondern auch für die Stabilität ganzer Gesellschaften sorgen, wenn sie von vielen geteilt werden.

Allerdings schränken sie gleichzeitig unsere Vorstellung darüber massiv ein, was möglich ist.

Sie in der heutigen Zeit zu hinterfragen ist allerdings eine Gratwanderung, bei der auf der einen Seite die Gefahr besteht, dass wir Worte benutzen müssen, die inzwischen in vielen Lebensbereichen zum guten Ton gehören. Während sich noch vor 40 Jahren der deutsche Altkanzler Helmut Schmidt den Ausspruch »*Wer Visionen hat, sollte zum Arzt gehen.*« leisten konnte, so gibt es heute kaum ein Unternehmen, das nicht in irgendeiner Form eine »Vision« hinter Glas im Eingangsbereich eingerahmt hat. Und inzwischen gehört eine persönliche Vision-Map für das eigene Leben auch schon zum Standardwerkzeugkasten der meisten Coaches. Dadurch könnten Sie leicht den Eindruck bekommen, dass Sie vieles schon gehört haben und daher versucht sind, zustimmend zu nicken und schnell weiterblättern.

Andererseits könnte durch die Relativierung der Leitplanken, die uns bisher so hilfreich bei Entscheidungen zur Seite gestanden haben, auch leicht das Gefühl entstehen, dass wir uns inzwischen auf nichts mehr verlassen können, wenn wir mit immer höherer Geschwindigkeit durch das Leben rasen. Und wir dadurch in eine umfassende Beliebigkeit stürzen, für die vielleicht nur noch ein von den Sozialen Medien geschaffenes virtuelles »Metaverse« als Zufluchtsort eine erträgliche Alternative bietet: eine künstlich geschaffene virtuelle Welt, bei der die Zukunft fixen Algorithmen folgt, die wir mit etwas Übung durchschauen können und uns dadurch eine Planbarkeit liefert, die wir aus der Realität immer seltener kennen. Weil sie genau für diese Momente der Befriedigung so programmiert wurden.

In beiden Fällen hätten wir versagt.

Was wir stattdessen mit den ersten Kapiteln erreichen wollten, ist, dass in Ihnen die Lust darauf entsteht, kreativ mit den Parametern ihres Autopiloten in unserer heutigen Welt zu experimentieren, die sich deutlich von derjenigen Welt unterscheidet, für die die Evolution ihn entwickelt hat. Um seine bisherigen Programme anzuschauen und ein paar von den Modellen ins Wanken zu bringen, die uns täglich wie selbstverständlich begleiten, aber neue Wege verbarrikadieren, die für uns sinnstiftend wären. Und ihn manchmal bewusst ausschalten und das Steuer selbst übernehmen, damit Möglichkeiten entstehen, die außerhalb des bisher Gewohnten entstehen.

Denn diese brauchen wir immer dringender, angesichts all

der Krisen und Herausforderungen, in die wir uns inzwischen als Menschheit hineinmanövriert haben. Im Großen wie im Kleinen. Und die immer häufiger in unseren bisherigen Erfahrungswelten als aussichtslos erscheinen.

Doch dafür müssen diese alternativen Möglichkeiten erst für uns denkbar werden. Imaginationskompetenz benötigt daher zunächst Raum hinter den Spiegelwänden, in dem neue Wege vorstellbar werden können – und Tiefgang, um sich neuen Kernfragen zu nähern.

Mit anderen Worten (um einen weiteren Begriff für Peters Wörterbuch heranzuziehen), wir hatten das Ziel, dass Sie sich jetzt mit einem positiv neugierigen Grundgefühl zunehmend »orientierungslos« fühlen. Denn erst wenn wir die Magneten, die, egal wo in der Geschichte, in der Gesellschaft oder im Leben wir uns gerade befinden, unsere innere Kompassnadel bisher in eine vordefinierte Richtung gelenkt haben, aus dem Einflussbereich schieben, können wir überprüfen, ob unser innerer Kompass überhaupt richtig kalibriert ist.

Und darum soll es in diesem Kapitel gehen: für uns herauszufinden, wo unsere Reise durch das Leben wirklich hingehen soll und für welche Zielen es sich lohnen könnte, die Risiken von neuen Wegen einzugehen.

Die materielle Illusion

Ursprünglich war es ja eine wirklich gute Idee: nach Jahrhunderttausenden, in denen unsere Vorfahren weitgehend lokale Selbstversorger waren und jede Form des Tauschhandels auf die direkte Begegnung der Handelspartner beschränkt war, hat erst die Erfindung des Geldes die Möglichkeit unseres beeindruckenden Wirtschaftswachstums erschaffen.

Mit der Anerkennung eines standardisierten Tauschwertes – ob nun in Form von seltenen Edelmetallen wie Gold oder geprägten Münzen – konnte man nicht nur einen Warenwert speichern, ohne dass er verdarb, sondern konnte auch den Handel von Waren zeitlich und örtlich entkoppeln, indem Werte in leicht transportfähiger Form zwischengespeichert werden konnten. Mit zunehmender globaler

Anerkennung wurde es so möglich, Werte über große Distanzen zu transportieren, Sicherheitsreserven anzulegen und zuletzt auch intensive Arbeitsteilung umzusetzen, weil man nicht nur für Endprodukte, sondern auch für Teilleistungen entlohnt werden konnte.

Und so wurde Geld zunehmend die omnipräsente Referenz für sämtliche Leistungen, die der Versorgung dienten und die wir heute gesamthaft als Wirtschaft bezeichnen. Und die monetäre Bewertung wurde zu ihrem allgemein akzeptierten Bewertungsschlüssel.

Doch wie so oft in der Menschheitsgeschichte hat unsere Euphorie angesichts des unbestreitbaren Erfolgs uns von den Randbedingungen abgelenkt, unter denen dies sinnvoll war. Und irgendwann in der Geschichte haben wir Ursache und Wirkung vertauscht.

Während monetäre Tauschwerte tatsächlich repräsentativ für die Möglichkeiten einer Befriedigung unserer Grundbedürfnisse beispielsweise nach Nahrung und Schutz sind und für die sie entwickelt wurden, so gilt dies nicht notwendigerweise für solche Bedürfnisse, die auf eine Sättigung der Basisversorgung folgen.

Zieht man beispielsweise die Bedürfnispyramide von Abraham Maslow heran, so ist leicht nachvollziehbar, dass physiologische sowie bis zu einem gewissen Grad auch Sicherheitsbedürfnisse mit monetären Mitteln befriedigt werden können. Für soziale und individuelle Bedürfnisse oder gar Selbstverwirklichung nimmt diese Rolle jedoch bei näherer Betrachtung rapide ab. Dies liegt im Wesentlichen daran, dass die Wirkung von monetären Mitteln lediglich denjenigen der mit ihnen unmittelbar verknüpften materiellen Dinge entsprechen kann.

Leider geriet diese beschränkte Wirkweise über die lange Zeit, in der nur sehr wenige Individuen das Privileg gesättigter Basisbedürfnisse genießen konnten, in Vergessenheit. Und so hat sich kulturell in immer mehr Ländern materieller Wohlstand schleichend als Pauschalwährung für Bedürfnisbefriedigung ganz generell durchgesetzt. Und etwas, was für ganz spezifische Bereiche unserer Grundversorgung sehr hilfreich war, wurde zu einer pauschalisierten gesellschaftlichen Handlungsreferenz auf der Suche nach Lebenszufriedenheit.

Was lange tolerierbar war, wird allerdings in einer globalen Gesellschaft, deren Mitgliederzahl während ich diese Zeilen schreibe gerade die 8 Milliarden (8.000.000.000) überschritten hat, problematisch, wenn ein immer größerer Anteil von ihnen die Grenze der Basisbedürfnisse überschreitet. Und dies ist in den letzten Jahrzehnten das erste Mal in der Menschheitsgeschichte der Fall.

Mit zunehmend komplexeren Bedürfnissen führt der abnehmende Grenznutzen von materiellen Mitteln zur Befriedigung von neu hinzukommenden Bedürfnissen mangels alternativer Konzepte automatisch dazu, dass sich der Bedarf nach »mehr von dem gleichen« massiv beschleunigt, weil ihre Wirkung nachzulassen scheint. Solange wir nicht hinterfragen, ob unsere bisherige materielle Währung überhaupt noch die richtige Referenz ist (hier grüßt der Autopilot selbstgefällig aus der Ferne), werden wir einfach immer wieder versuchen, noch einen Gang höher zu schalten.

Doch ein solcher »sekundärer« Befriedigungsfaktor wie Geld, der für sich genommen wertlos ist und nur durch soziale Konventionen einen indirekten Wert erhält, birgt noch eine zusätzliche Gefahr: aufgrund seines ihm lediglich künstlich verliehenen Wertes fehlt ihm jegliches natürliche Korrektiv, das unser Verlangen sinnvoll nach oben begrenzt.

Anders als primäre Faktoren der Bedürfnisbefriedigung (Hunger, Durst, etc.), bei denen unser Hormonhaushalt (in der Regel) das entsprechende Bedürfnis herunterregelt, wenn eine natürliche Sättigungsschwelle erreichen wird (satt), fehlt sekundären Faktoren dies völlig. Wenn dann noch ihre Wirksamkeit im direkten Erleben abnimmt, führt es notwendigerweise ab einem gewissen Schwellenwert zu typischem Suchtverhalten, bei dem die Beschaffung der »Droge« zunehmend zum alleinigen Lebensfokus mutiert.

Um zu verhindern, dass wir automatisch auch unsere Imaginationskompetenz zum Sklaven unseres materiellen Maximierungsstrebens machen, welches inzwischen in den meisten Gesellschaften dominiert, ist es daher essentiell, sich das gesamte Spektrum unserer Bedürfnisse klar zu machen, bevor wir uns an uns an die Nutzung dieser Fähigkeit heranwagen.

Da wir hierfür zunächst den Autopiloten abschalten müssen, damit er uns nicht in unsere antrainierten Denkschienen leitet, empfiehlt sich hierfür eine Übung, die uns Schritt für Schritt in eine rationale Selbstreflexion leitet und uns transparent macht, dass nicht nur unsere Möglichkeiten, sondern auch unsere Prioritätensetzung einen erweiterten Raum brauchen, als wir dies gesellschaftlich oft vorgegaukelt bekommen.

ÜBUNG

Happiness-Check

Diese Übung sollte recht spontan durchgeführt werden, ohne jedes Detail zu durchdenken, da die Bewertungen in jedem Fall recht subjektiv sind.

1. Bewerte in der folgenden Liste zunächst in der Spalte (A) jedes der aufgeführten 25 möglichen Lebensziele danach, wie wichtig es für dich persönlich ist, um dir das Gefühl zu geben, du führst ein glückliches Leben – auf einer Skala von 1 (nicht wichtig) bis 9 (extrem wichtig)

2. Wenn die gesamte Spalte (A) komplett ausgefüllt ist, dann schätze in Spalte (B) ein, zu welchem Anteil dieses Ziel mit monetären Mitteln erreicht werden kann (in Prozent)

3. In einem letzten Schritt zähle bitte die Lebensziele, die für dich mindestens eine 5 in Spalte (A) und gleichzeitig 50 % oder *weniger* in Spalte (B) erreicht haben.

Meine Lebensziele	(A) Macht mich glücklich (1 = nicht relevant; 9 = entscheidend)	(B) Kann ich mir kaufen (%)
Geld auf dem Konto		
Neue Erfahrungen		
Die Welt bereisen		
Der richtige Lebenspartner		

Fernsehen schauen		
Resilienz gegenüber Herausforderungen		
Regelmäßiger Sex		
Eigene Kinder		
Ein Haustier		
Leckeres Essen		
Viel Zeit mit Freunden		
Ein interessanter Job		
Ein eigenes Haus		
Viel Sport		
Gesund sehr alt zu werden		
Schlank sein		
Nicht Rauchen		
Anerkennung von anderen		
Ein inspirierender Vorgesetzter		
Ein Mentor für mein Leben		
Viele Bekannte		
Lange Ferien		
Ein sinnvoller Job		
Das Leben als Party		
Lebenslanges Lernen		

Auswertung:
Anzahl der Lebensziele, die für dich mindestens eine 5 in Spalte (A) und gleichzeitig 50 % oder *weniger* in Spalte (B) erreicht haben:

____

0-3: Materielle Ziele scheinen in deinem Leben eine extrem große Rolle zu spielen – sowie die Überzeugung, dass du fast alle deine Lebensziele durch Geld erreichen kannst. Es könnte für dich Sinn machen, zunächst zu überprüfen, ob dies eher eine angelernte oder wirklich deine eigene Überzeugung ist.

4-7: Es scheint eine Reihe von Dingen in deinem Leben zu geben, die wichtig sind, aber die du dir nicht erkaufen kannst. Versuche einmal, die Liste dieser Themen mit eigenen Punkten zu erweitern.

8-12: Vieles in deinem Leben, was dir Zufriedenheit gibt, kannst du auch ohne materielle Mittel erreichen. Dies ist eine gute Grundlage, um gerade in diesem Bereich deine Imaginationskompetenz auszuprobieren.

13+: Auch wenn die Liste ein wenig willkürlich zusammengestellt ist, so scheint ein Großteil deiner Lebensziele unabhängig davon zu sein, welche materiellen Möglichkeiten du hast. Viel Spaß beim Training deiner Imaginationskompetenz.

Ziel dieser Übung ist es, dass wir uns klar werden, wie viele Lebensziele mit für uns persönlich mittlerem bis hohem »Glückspotential« wir nur sehr bedingt mit materiellen Mitteln erreichen können. Und wir, wenn wir diesen Maßstab bei unseren Entscheidungen monopolisieren, wie dies häufig in unserer Gesellschaft passiert, riskieren, an vielen Dingen vorbeizuleben, die für unser tatsächliches Glück entscheidend sind – denn dort gelangen wir einfach auf diesem Weg nicht hin.

Lebenszielspektrum

Bevor wir uns daher den einzelnen Fähigkeiten zuwenden, die uns dabei helfen können, unsere Vorstellungen zu verwirklichen, müssen wir unser Navigationssystem neu programmieren, das auf Grund unserer generellen gesellschaftlichen Konditionierung in der Regel an jeder Weggabelung die Richtung des materiellen Maximierungspotentials präferiert.

Versteh mich nicht falsch: Ich bestreite keinesfalls, dass in unserer Welt häufig unstrittig ein gewisses Maß an wirtschaftlichem

Spielraum hilfreich ist, um unsere Lebensträume zu verwirklichen. Auch wird uns diese Notwendigkeit immer wieder in gewissem Umfang Kompromisse abverlangen.

Kritisch ist lediglich die *Monopolisierung* der ökonomischen Maximierung unseres Lebens. Daher ist es essentiell, sich zunächst bewusst zu machen, welche Anteile an dem Blumenstrauß unserer Lebensziele hiervon tatsächlich abhängig sind. Nicht nur, um für sich zu verstehen, welche Zugeständnisse hierzu in einem vernünftigen Verhältnis stehen, sondern auch um die Alternativen zu kennen und einen adäquaten Fokus auch auf diese zu legen.

Da diese Dinge in der Hektik des Alltags oft in den Hintergrund geraten, sollte man anfangen, sie schriftlich zu notieren. Eine solche Liste ist niemals perfekt oder fertig, sondern eher ein ständiger Begleiter, der mit zunehmender Lebenserfahrung angepasst werden muss. Am einfachsten fängt man an, zunächst die großen Lebensbereiche zu notieren, die wichtig sind, um dann schrittweise diese Punkte zu konkretisieren.

ÜBUNG

Imaginationsfunnel

Liste zunächst einige wesentliche Lebensbereiche auf, die dir für deine Zufriedenheit essentiell erscheinen, aber nur bedingt von deinen monetären Mitteln abhängen.
Beispiel:

- *Bestmöglich meine Gesundheit erhalten*
- *Lebenslanges persönliches Wachstum*
- *Einen positiven Beitrag in der Welt hinterlassen*
- …
- ______________________:
- ______________________:
- ______________________:
- ______________________:
- ______________________:

Beginne in einem zweiten Schritt, hierzu konkrete Faktoren zu finden, an denen du einen Erfolg für dich erkennen könntest (dies ist nur ein erster Schritt – du solltest diese Liste auf einem separaten Blatt für dich mindestens 1× im Jahr revidieren bzw. erweitern):

Beispiel:

- *Bestmögliche Gesundheit:*
  - *2× pro Woche Sport*
  - *Überwiegend vegetarische Ernährung*
  - …
- *Lebenslanges persönliches Wachstum:*
  - *Rückschläge als Erfahrungsgewinn verstehen*
  - *In jedem Jahr etwas Neues ausprobieren*
  - …
- ______________________:
  - ____
  - ____
- …

....

Es ist die bunte Sammlung dieser Faktoren, die in den »Imaginationsfunnel« einfließen: eine Vielzahl an möglichen Erweiterungsmöglichkeiten unserer bisherigen Lebensvorstellung in Bereiche, die einerseits Erfüllung versprechen, andererseits bisher in ihrer Wirkung schwer vorstellbar waren.

Sich mit einem solchen Zielkorridor auf die Reise zu begeben ist ein wenig wie Christoph Kolumbus, der sich entschieden hat, den Seeweg nach Indien zu suchen, indem er nach Westen segelte, statt die bekannte Route um Afrika nach Osten zu fahren. Zunächst hat er für sich die Richtung festgelegt, in der er sein Ziel erreichen wollte. Und dann hat er hieran unbeirrbar festgehalten, auch wenn mit zunehmender Dauer der Reise die Zweifel an der Erreichbarkeit nicht nur bei seiner Mannschaft, sondern sicherlich auch bei ihm zunahmen.

Historisch interessant hierbei ist, dass er zur damaligen Zeit zwar dank der Existenz eines Kompasses die Richtung gut beibehalten konnte, er allerdings mangels präziser Zeitmessung nicht wirklich seinen Fortschritt ermitteln konnte, sobald kein Land mehr in Sicht war. Dieses Phänomen wird uns auch immer wieder bei der Verfolgung neuer Ziele begegnen. Denn wenn wir beginnen, neue Pfade zu beschreiten, die von den gesellschaftlichen Standards abweichen, so sind dies oft seltener begangene Dschungel-Trails, bei denen wir unseren eigenen Fortschritt erst im Rückblick sehen können, aber nach vorne nie genau wissen, wie weit es noch ist bzw. was uns noch begegnet.

Manchmal kann es sogar notwendig sein, ein kleines Stück zurückzugehen oder eine Pause zu machen, wenn unerwartete Hindernisse an unseren Kräften zehren. Doch wenn wir an unseren Zielen festhalten, werden sich die neuen Wege zunehmend verfestigen, indem wir sie gehen. Und über die Zeit werden wir uns hieran gewöhnen und immer weniger Geduld benötigen, um unsere Überzeugung beizubehalten.

Imaginationskompetenz benötigt demzufolge drei wesentliche Elemente:

1. Einen erweiterten Raum, in dem wir uns Entwicklungen vorzustellen beginnen, die unseren automatischen Annahmen über die mögliche Zukunft zunächst zu widersprechen scheinen. Diesen finden wir am sinnvollsten, indem wir unseren Optimismus trainieren, um uns nicht mehr so oft durch die Umstände entmutigen zu lassen und uns dadurch selbst zu entmachten.

2. Ziele, die uns in diesem Raum eine Richtung geben, damit wir nicht willkürlich herumirren. Um diese in einem ausgewogenen Maß für uns selbst zu finden, hilft es, uns von dem omnipräsenten gesellschaftlichen Streben nach ökonomischer Maximierung zu distanzieren und unser eigenes Portfolio der tatsächlichen Lebensziele dahinter zu identifizieren.

3. Unterwegs eine Sammlung von in einem eher statischen Leben weniger notwendigen Fähigkeiten, die es mir ermöglichen, in ungewohnter Umgebung schnell auf Veränderungen reagieren zu können. Diese Skills vergrößern die eigene Resilienz, um mit

unerwarteten Herausforderungen oder Hindernissen umgehen zu können, ohne gleich aufzugeben.

Während ich zum ersten Punkt schon einiges Grundsätzliche im Kapitel 2 erläutert habe und zum zweiten Punkt die vorherige Übung in diesem Kapitel einen ersten Zugang zu unseren tatsächlichen Lebenszielen eröffnet hat, so ist es der dritte Punkt, der die eigentliche Herausforderung darstellt.

Denn während wir in der Regel durch unsere Gesellschaft darauf trainiert werden, für unser Leben detaillierte Pläne zu machen, um unsere Ziele zu erreichen, und an ihnen unterwegs unseren Fortschritt messen, so muss der Schwerpunkt auf dem Weg zu imaginären Zielen vielmehr auf unserer Reaktionsfähigkeit liegen, auf unerwartetes zu reagieren.

Denn Pläne sind nicht nur schwierig für unbekanntes Gelände zu erstellen, sondern häufig gerade der Grund für vermeidbare Frustration, wenn sie unterwegs nicht aufgehen. Gerade letzteres passiert häufig, denn sie orientieren sich in der Regel an der Logik unserer bisherigen Erfahrungen. Dabei verstellen sie leicht den Blick auf ganz andere Möglichkeiten, die genauso gut zum Ziel führen.

Resilienz bzw. Agilität, unsere Fähigkeit, auf Hindernisse oder Krisen schnell so zu reagieren, dass ich meine Ziele nicht aus den Augen verliere, ist als Veranlagung in uns allen vorhanden, allerdings nur bedingt im Alltag trainiert. Dies bedarf eine ganze Reihe an rationalen und transformationalen, aber auch emotionalen und spirituellen Werkzeugen, die regelmäßig eingesetzt werden sollten, um sich mit ihnen vertraut zu machen. Sie sind wie eine neue Sprache, bei der man zunächst einige Worte lernt, bevor man in der Kombinatorik dieser Worte die eigentliche Fähigkeit zur Kommunikation mit der uns umgebenden Welt entwickelt.

Gerade die Corona-Krise der letzten Jahre mit allen mit ihr einhergehenden von außen auferlegten Einschränkungen (deren Sinnhaftigkeit ich an dieser Stelle überhaupt nicht bewerten möchte) hat gezeigt, wie Improvisationsfähigkeit uns helfen kann, unsere Ziele nicht aufzugeben, selbst wenn massive Hindernisse die geplanten oder gewohnten Wege blockieren.

Keinesfalls möchte ich hier die persönlichen Tragödien

herunterspielen, die sich in der Folge für viele Menschen ergeben haben – sei es gesundheitlich, emotional oder wirtschaftlich. Allerdings ist es wichtig, dass wir gleichzeitig die kreativen Lösungen nicht übersehen, die manche gefunden haben, um die Dinge dennoch zu verwirklichen, die ihnen wichtig waren. Dies gilt im Kleinen wie im Großen.

So hat mich sehr berührt, einem Symphonie-Orchester zuhören zu dürfen, dass mangels Möglichkeit, einen Konzertsaal zu füllen, sich virtuell zusammengeschaltet hat, um gemeinsam ihre Musik zu spielen und andere daran teilhaben zu lassen. Unvergessen sind sicherlich für viele auch diejenigen, die ihre musikalischen Fähigkeiten vom Balkon aus mit den Nachbarn geteilt haben.

Gleichzeitig hat die Notwendigkeit, eine persönliche Begegnung durch Videokonferenzen zu ersetzen nicht nur Nachteile gehabt, sondern ganz neue Möglichkeiten für ein Arbeitsleben flächendeckend erschlossen, das nicht zwangsweise an einen arbeitsvertraglich fixierten Ort gebunden ist. Wie Alles bringt dies auch Herausforderungen für jeden Beteiligten, damit verantwortungsvoll umzugehen. Allerdings sind die Möglichkeiten massiv gestiegen, Wegezeiten zu reduzieren, die Arbeitszeit flexibel an private Herausforderungen anzupassen oder sich trotz physischer Entfernung an neuen Aufgaben beteiligen zu können. Ganz zu schweigen von einer hierfür notwendigen neuen Beziehungskultur des Vertrauens gegenüber Mitarbeitern, die Grundvoraussetzung für den Erfolg solcher Arbeitsformen ist.

Während es vor der Krise unvorstellbar erschien, ohne die physische Anwesenheit (und der damit einhergehenden Kontrolle) dauerhaft zuverlässige Arbeitsstrukturen erhalten zu können, haben unzählige Menschen das Gegenteil bewiesen. Gleichzeitig war unsere Grundversorgung weitgehend ununterbrochen gesichert – auch dank vieler helfender Hände, die die hierfür notwendige Logistik sichergestellt haben, die wir zuvor selbst übernommen hatten.

Und selbst auf makroskopischer Ebene hätte sich vorher niemand vorstellen können, dass das monatelange Stilllegen des weltweiten Luftverkehrs ohne allzu gravierende Wirtschaftskatastrophen ablaufen würde.

Nicht nur wir Menschen als Individuum, sondern auch unsere

unmittelbaren Lebensumfelder sowie die globalen Systeme sind deutlich krisenresilienter, als wir uns das oft vorstellen können. Wenn wir einige der Spiegelwände zerschlagen, die unser Denken über die Möglichkeiten begrenzen, bedarf es lediglich einer Aktivierung von Fähigkeiten, mit denen ich das auf die Dynamiken dieses erweiterten Weges variabler reagieren lernen.

Insofern dürfen auch wir uns deutlich mehr Improvisationstalent in einer auf diese Weise weniger planbaren Welt zutrauen, als wir dies gemeinhin annehmen.

KAPITEL 5

IMAGINATION ALS KONZERT PURER LEBENSFREUDE

Mit jeder anderen der zutiefst menschlichen Schlüsselkompetenzen geht unsere visionäre Kraft in immer neue Qualitätsdimensionen
Peter Spiegel

Seit ich Rüdiger's Happiness-Check kennengelernt habe, habe ich diesen in vielen meiner Workshops, mit eingebaut. Und immer mit demselben Ergebnis: Wer diesen Check für sich machte, entdeckte, dass die ureigenen wichtigsten Lebensziele deutlich weniger mit materiellen Erfüllungsfaktoren zu tun haben, als wir vor dieser Happiness-Check-Reflexion angenommen hatten.

Danke für diese wunderbare Erfahrung! Sie passt wunderbar zu einer anderen Erkenntnis und Erfahrung, die ich aufgrund meiner Leidenschaft für ein neues Bildungsverständnis machen durfte und über die ich in diesem Kapitel nun berichten möchte. Es geht um eine Bildungsrevolution. Und um noch weit mehr: eine Revolution unserer Lebenssouveränität, eine Revolution unseres Verständnisses von Wohlstandsgenerierung, eine Revolution unserer Art des Wirtschaftens, Arbeitens und demokratisch weiterentwickelten gemeinschaftlichen und gesellschaftlichen Zusammenlebens. Ein bisschen sehr viel auf einmal, ich weiß. Also ein klassischer und besonders krass erscheinender Fall von »unmöglich!«. Was nach dem bisher in diesem Buch Ausgeführten aber nicht mehr heißen muss als: ein Fall für unsere Imagination, für unsere Vorstellungskraft.

Um nicht weiter auf die Folter zu spannen: Es geht um die Bildungsrevolution von der bisher dominanten Wissensbildung zu der neuen bzw. nächsten Stufe und Dimension von Bildung: der

Kompetenzenbildung, der Bildung von Zukunftskompetenzen, international auch Future Skills genannt, in deren Zentrum letztlich urmenschliche Lebensschlüsselkompetenzen stehen wie Achtsamkeit, Authentizität, Begeisterung, Beziehungs-, Co-Creation- und Collaborationfähigkeit, digitale Souveränität, Empathie, Entrepreneurship-, Happiness- und Innovationskompetenz, innere und äußere Führung, Kommunikation, Kreativität, Konfliktlösung, multiple Lern- und Medienkompetenz, Multiperspektivität, Nachhaltigkeit, Projektmanagement, Resilienz, Selbstwirksamkeit, Storytelling, systemisches Denken, Teamkompetenz, Transformabilität, Vertrauen, Werte- und Wissenskompetenz und natürlich auch Imaginations- beziehungsweise Visionskompetenz – und viele weitere mehr. Kurz: alle Artverwandten unserer Imaginationskompetenz.

Jede dieser Zukunftskompetenzen, dieser Future Skills, rückte in den letzten Jahren immer weiter nach vorne in der Wahrnehmung von deren zukunftsentscheidender Bedeutung für die Zukunft von Bildung, für die Zukunft der Wirtschaft, der Gesellschaft und einem rundum nachhaltigen neuen Wohlstands- und Fortschrittsverständnis. Die OECD – deren Bildungsabteilung spätestens mit der Einführung jährlicher PISA-Tests im Jahr 2000 zur bedeutendsten Bildungseinrichtung der Welt aufstieg und zunächst mit Wissenspauken assoziiert wurde – hat seither eine atemberaubende Wende vollzogen. Sie proklamiert bereits seit einigen Jahren »Werte, Haltungen und Kompetenzen« als »die (neue) globale Währung des 21. Jahrhunderts«. Das Silicon Valley bezeichnet schon seit mehr als 10 Jahren »Creativity, Communication, Collaboration and Critical Thinking« als »die DNA des digitalen Zeitalters«. Und Bildungsforschung, Innovationsforschung, Zukunftsforschung, Wirtschaftsverbände, Start-ups bis Großkonzerne, Stiftungen[12], Zehntausende einer

12 In Deutschland machte der Stifterverband, dem mehr als 3.000 Stiftungen als Mitglieder angehören und in denen etwa 80 Prozent des deutschen Stiftungsvermögens repräsentiert sind, die »Future Skills« zu seinem Hauptforschungs- und -förderthema. Den Anstoß gab eine vom WeQ Institute vorgeschlagene und gemeinsam veranstaltete Konferenz im November 2017 mit einer Keynote von OECD-Bildungsdirektor Andreas Schleicher, in der dieser die jüngeren Erkenntnisse der internationalen Bildungs- und Innovationsforschung und die daraus hervorgegangene Denkwende der OECD begründete, und einer anschließenden Diskussionsrunde mit

neuen Generation zivilgesellschaftlicher Bildungsinitiativen[13] und immer mehr Regionen und ganze Länder aus aller Welt sind heute eine sehr starke treibende Community dieser Bildungswende.

Es bedarf keiner prophetischen Gabe, um heute festzustellen: Die fundamentale Bildungswende, die alle diese Future Skills ins absolute Zentrum unseres lebenslangen Lernens rücken wird, wird in den nächsten wenigen Jahren bereits zum weltumspannenden Durchbruch gelangen. Und die Imaginationskompetenz wird – so wie für die bisherige Evolutionsgeschichte bereits – auch für die künftige die bedeutendste Rolle spielen. Der Unterschied zur bisherigen Menschheitsgeschichte: Sie wird zur bedeutendsten menschlichen Kompetenz *für alle Menschen*. Und wir werden diese dementsprechend ins Zentrum unseres Lebens rücken – und ins Zentrum des neuen Lernfokus Future Skills.

Halten wir an dieser Stelle noch einmal kurz inne und werfen unseren Blick auf die zwei vielleicht wichtigsten Schlüsselbegriffe, die unser bisheriges Verständnis von »Bildung« prägen. Zuerst zum Begriff »Bildung« selbst. Das deutsche Wort »Bildung« leitet sich vom althochdeutschen »biliden« ab, was »formen«, »gestalten« bedeutet – und damit gerade nicht reduziert ist auf normiertes Wissen, das lediglich auswendig gelernt werden kann und sollte. Auch bei der Formulierung des »Ziels von Bildung« in der Allgemeinen Erklärung der Menschenrechte von 1948 geht es um »die volle Entfaltung der menschlichen Persönlichkeit« und nicht nur um Wissens- und Informationsaufnahme und -wiedergabe. Und wenn wir den Begriff der »Information« im Sinne unseres zuvor vorgeschlagenen »Ver-rückten Wörterbuchs« hinterfragen, so würden wir vielleicht auf eine Erklärung des Systemforschers Ervin Laszlo stoßen oder auf sonstigem Wege zu dem Gedanken kommen, dass »Information« vielleicht in

---

ausgesuchten Diskutanten vom WeQ Institute und dem Stifterverband. An dieser Veranstaltung im Allianz Forum in Berlin nahmen 400 Führungspersönlichkeiten aus der Bildungs- und Stiftungslandschaft in Deutschland teil.

13 Das WeQ Institute initiierte und realisierte maßgeblich zwei Leitkonferenzen für derartige bildungsinnovative Initiativen im deutschen Sprachraum, den »Vision Summit« ab 2007 und den »EduAction Bildungsgipfel« (letzteren 2016 und 2018 mit der Metropolregion Rhein-Neckar) und brachte nach dem PxP-Bildungsfestival 2023 die Entstehung der »Future Skills Alliance« maßgeblich mit auf den Weg.

seiner Tiefenbedeutung oder einfach seiner ursprünglichen Genese und nahezu wörtlich »In-(eine-)Form-Bringen« meint (so wie »bilden« es eben ausbuchstabierte). In diesem Sinne treten wir tatsächlich mit dem »Informationszeitalter« in das »In-Form-A(k)tionszeitalter« ein – und »In-(eine-zukunftsangemessene-)Form-Bringen« liest sich dann ganz unwillkürlich als Kompetenzenzeitalter jener Kompetenzen, die wir für unsere neue Aufgabe als verantwortliche Co-Kreatoren des Planeten brauchen.

Schauen wir uns zunächst die systemischen Gründe für diesen gesamtsystemischen Wandel näher an, bevor wir dann der Frage nachgehen, warum die Imaginationskraft innerhalb dieser neuen Bildungsdimension der Future Skills eine besondere Rolle spielt. Soviel vorweg: Sowohl die systematische *Ausweitung* als auch die tiefgreifende *Qualitätssteigerung* unserer Vorstellungskraft, unserer Imaginationskompetenz, ist heute *für jeden Menschen* nicht nur möglich, sondern aufgrund der exponentiellen Entwicklungen der jüngsten Menschheitsgeschichte unumgänglich.

Von der Wissensgesellschaft zur Kompetenzgesellschaft

Die Evolutionsgeschichte der menschlichen Imaginationsfähigkeit hat uns technologisch um Lichtjahre von dem fortbewegt, was wir noch vor wenigen Generationen für möglich hielten. Und die technologischen Entwicklungen bewegen sich inzwischen in Lichtgeschwindigkeit zu immer neuen Dimensionen von Möglichkeiten.

Daher stellt sich die Frage: Wie können wir zurechtkommen in einer derart exponentiell sich verändernden Welt? Oder, wie seit 2007 ein jährlich angepasstes »Did you know«-Youtube-Video höchst lebensnah fragt: »Wie bereiten wir uns auf Zukunft vor für Jobs, die noch nicht existieren, für Technologien, die noch nicht erfunden sind, für die Lösung von Problemen, von denen wir noch nicht wissen, dass sie entstehen werden?«

Die »Did you know«-Videos der Jahre 2007 bis 2023 erinnern uns an die Zwischenstände in der digitalen Revolutionsphase in den jüngsten Jahren: Das erste Smartphone von Apple erschien im selben

Jahr wie die »Did you know«-Videos und bereitete da gerade erst den Weg zum weltweiten Durchbruch dieser technologischen Erfindung, durch die wir unter anderem den Zugang zum Weltwissen buchstäblich in der Tasche haben. Heute besitzen 3,8 Milliarden Menschen Smartphones und nutzen 5,4 der 8 Milliarden Menschen das Internet. Sie suchen auf Google täglich 8,5 Milliarden Mal Antworten auf ihre Fragen und täglich entstehen 580.000 weitere neue Websites, auf denen Google sucht. ChatGPT, das erst im November 2022 an den Start ging, wurde 2023 bereits über 1,5 Milliarden Mal im Monat genutzt, während im selben Jahr viele weitere Anbieter dieser neuen Generation von KI-Such- und KI-Arbeitsauftragsplattformen ähnlich boomen. Täglich versenden wir 500 Millionen Tweets und nutzen 56 Milliarden Stunden im Jahr allein bei Zoom. Allein bei Youtube werden jeden Tag 720.000 neue Video-Stunden hochgeladen. Bei Facebook, Instagram, TikTok und Co. sind zusammengenommen mehr Menschen monatlich aktiv unterwegs als es Menschen auf diesem Planeten gibt. Im Durchschnitt verbringt jede:r Erdenbürger:in 7 Stunden am Tag vor Bildschirmen, die mit dem Internet verbunden sind. 2023 waren 6,8 Milliarden Smartphones angemeldet (bei 8,1 Milliarden Menschen auf dem Planeten). »Big Data« bedeutete 2023, dass in diesem Jahr 120x10hoch21 neue Daten generiert wurden – das sind 120 Milliarden Milliarden oder die Ziffer 12 mit anschließend 22 Nullen.

In technologischen Studiengängen müsste man bereits im dritten und in Kürze bereits im laufenden Studienjahr die Hälfte der Zeit darauf verwenden, die unverzichtbar wichtigen neuen Erkenntnisse in diesen Fachgebieten nachzulernen, die in den 2-3 Jahren seit Studienbeginn hinzukamen. Auch die Geschwindigkeiten, wie schnell neue Technologien sich durchsetzen, werden immer kürzer. Bis diese 50 Millionen Menschen erreichten, dauerte es beim Radio 38 Jahre, beim Fernsehen 13 Jahre, beim Internet 4 Jahre, bei Facebook 2 Jahre Und diese Arten disruptiver Innovationen, die alles tiefgreifend und sprunghaft verändern, sind selbstredend nicht zu ändern. Die vielleicht tiefgreifendste Sprunginnovation, deren Durchbruch in nur einem im Jahr, dem Jahr 2023, erreicht wurde und ChatGPT ist, bedeutet nichts weniger als die Überwindung des uns bekannten Google-Prinzips universeller Suchleistung durch einen völlig freien

Frage-Antwort-«Dialog« zwischen Mensch und einer Alexa- bzw. Siri-artigen »Künstliche-Intelligenz-Stimme«, durch den es jedem Menschen spielend leicht gemacht ist, seine Fragen so zu stellen, wie er es kann und will, um darauf sofort im ersten KI-Antwort-Schritt oder nach einem kurzen Mensch-Maschine-Dialog die gewünschte Antwort zu erhalten oder auch komplexe »Hausaufgaben« für die Schule oder noch komplexere wissenschaftliche Ausarbeitungen erledigt zu bekommen. Mehrere IT-Unternehmen arbeiten fieberhaft an dieser Art »Nächster-KI-Intelligenz-Suchmaschine«, bei Google heißt diese LaMDA.

Die fünf großen Entwicklungsrevolutionen seit dem Beginn der Ersten Industriellen Revolution basierten auf bahnbrechenden technologischen Innovationen. Jede dieser fünf technologischen Innovationen von der Dampfmaschine (ab 1780, standardisierbare Arbeitsprozesse wurden dadurch maschinell revolutionär beschleunigt) über die Eisenbahn (ab 1830, Transporte wurden dadurch revolutionär beschleunigt), dann die Elektrizität (ab 1880, durch die die Produktion in großen Massen revolutionär beschleunigt wurde) und dann die Automobilität (ab 1930, durch die die individuelle Mobilität revolutionär beschleunigt wurde) bis zur Digitalisierung (ab 1970, die die Vernetzung von allem mit allem metarevolutionär beschleunigte) überwanden den zu ihrer Zeit jeweils größten Engpass zu einer weiteren Entwicklungsdimension. Sie lösten den jeweiligen entscheidenden Knappheitspunkt der vorherigen industriellen Revolution auf. Und in jeder dieser Industriellen Revolutionen wurde eines immer wichtiger: der Zugang zu Wissen, der Erwerb von immer qualifizierterem Wissen und die immer bessere Qualifizierung zur berufspraktischen Anwendung von immer komplexerem Fachwissen.

Der bisherige Engpass »Zugang zu Wissen« löst sich gerade radikal auf

Der Zugang zu Wissen war in allen vier ersten Phasen der Industriellen Revolutionen der zukunftsentscheidende Engpass. Daher war es nicht verwunderlich, dass der Wissenserwerb so universell und alles andere überragend und überlagernd ins Zentrum unseres gesamten Bildungssystems rückte. Selbstverständlich hat die Bedeutung von

Wissen auch in der fünften Industriellen Revolution, *der digitalen Revolution*, keineswegs abgenommen – ganz im Gegenteil. Aber die digitale Revolution hat eines so radikal verändert wie nichts zuvor in der bisherigen Menschheitsgeschichte: Sie hat den *Zugang zu Wissen* als *Engpass* schlicht aufgelöst! Und mehr noch: Sie hat auch sehr klar und eindeutig aufgezeigt, wohin die Reise unseres Bildungsverständnisses gehen muss – zu *Future Skills* als dem neuen Fundament, dem neuen Alphabet, der neuen Grundvoraussetzung von Bildung und Wissenserwerb und schlicht Zukunftsfähigkeit von jedem Menschen in diesen Zeiten exponentiellen Wissenszuwachses und exponentiell sich beschleunigender Veränderungsdynamiken. Die OECD sieht längst den *neuen entscheidenden Engpass* von Bildung im *Erwerb von Future Skills*.

Interessant für diese fundamentale Transformation von Bildung ist die durchgängige Schlüsselrolle der »zutiefst menschlichen« Zukunftskompetenzen und insbesondere der Zukunftskompetenz Imagination, denn: Die menschliche Imaginationskraft führte erst zu jenen technologischen Sprüngen, durch die der Zugang zum Weltwissen für alle von der Illusion zur schlichten Notwendigkeit wurde – und inzwischen zur unmittelbaren vor uns liegenden selbstverständlichen Realität für tatsächlich alle Menschen auf diesem Planeten durch die Nutzung digitaler Wissenslernplattformen.

Die effektivsten *Erleichterungen* für die wirksamste *Nutzung* von digitalen Wissensplattformen sind wiederum auf das engste mit dem Erwerb von Future Skills verbunden. Das gilt für die Ebenen vom Selbstlernen bis zu gemeinschaftlich und gesamtgesellschaftlich geschaffenen neuartigen Lernwelten, die wir uns hier nun kurz gemeinsam etwas näher anschauen:

Die digitale Wissensbildungs-Revolution

Die erste digitale Lernplattform entwickelte der indischstämmige Amerikaner Salman Khan. In kaum zwei Jahren nahm er mehr als 4.000 jeweils 10-minütige Erklärvideos auf, die einen Großteil des Wissens in allen Fächern nach dem amerikanischen Curriculum abdeckten. Er erwies sich als begnadeter Erklärer, der in 10 Minuten Wissen so gut vermitteln konnte, dass dieses oft besser verstanden und behalten wurde als in 45-Minuten-Unterrichtseinheiten in Schulen. Schnell hatte Salman Khan 30 Millionen tägliche Schülerinnen und Schüler auf seiner Khan Academy. Schnell fanden sich potente Förderer seiner digitalen Plattform zu deren Ausweitung sowie zu deren Übertragung in viele andere Sprachen. Und ebenso schnell fanden sich Nachahmer mit inzwischen Tausenden von Varianten digitaler Wissens- und Lernangebote, die für jeden Menschen in jeder Lebens- und Lernphase jedes Wissen in individuell passender Form erheblich erleichtert lernbar machen.

Salman Khan artikulierte bereits 2012 auf der Grundlage seiner Erfahrungen das »*Grundrecht auf beste (Wissens-)Bildung für alle*«, weil wir uns die für uns besten Erklärgenies aussuchen können. Und der setzte noch ein zweites Grundrecht obendrauf: das »*Grundrecht auf vollständiges Verstehen allen erworbenen Wissens für alle*«[14]. Auf seiner Lernplattform sind die jeweiligen Übungen zu einem Mathe-Kapitel nicht nur mit sofortiger Ergebnisrückmeldung verbunden, sondern mit der Analyse, welches vorherige Mathe-Kapitel offenbar noch nicht vollständig verstanden wurde, und mit der Empfehlung, welche Mathe-Lektion oder Lektionen sich der bzw. die Lernende nochmal ansehen sollte. Wer diesen Weg geht, kommt erstaunlich leicht und souverän zum vollständigen Verstehen. Wissenschaftliche Studien bestätigen, dass sich mit seinen digitalen Angeboten sowohl die Geschwindigkeit, als auch die Leichtigkeit, als auch die Tiefe des Verstehens beim Wissenslernen radikal veränderten. Klassische Schulen, Universitäten und sonstige Einrichtungen der Wissensfortbildung verlieren durch diese Entwicklungen immer mehr ihre klassische Sinnbestimmung als *Wissens*vermittlungseinrichtungen.

Digitale Wissensbildung und Future-Skills-Lernkompetenzen sind wechselseitig Multiplikatoren

Die Auflösung des Wissensengpasses wird zusätzlich beschleunigt und erleichtert, wo sich die digitalen Wissenszugangs- und Austauschmöglichkeiten mit bestimmten Arten von Future Skills als

14 Salman Khan: Die Khan Academy. Die Revolution für die Schule von morgen. München 2013. Riemann Verlag

multiple Lernkompetenzen verbinden wie *Medien- und genereller Recherchekompetenz* (die auch im Umgang mit allen nicht-digitalen Quellen und Medien sehr lernmotivierend und intensivierend wirkt), *Teamkompetenz* (als Türöffner für digitales und unmittelbar Vor-Ort-Teamlernen), *Storytelling- und allgemeine Kommunikationskompetenz* (für Peer-to-Peer-Learning), *Projektmanagement- und allgemeine Umsetzungskompetenzen* (für unmittelbares Praxislernen in Projekten, also der Anwendung des erworbenen Wissens in Projekten).

Überall, wo diese und ähnliche Future Skills eine gestaltungskräftige Rolle in Bildungseinrichtungen oder auch in anderen Arten von sozialinnovativen Einrichtungen erlangten, führten sie zu systemisch tiefgreifenden Verbesserungen. Einige Beispiele:

Die Evangelische Schule Berlin-Zentrum (abgekürzt: esbz) setzte unter der Leitung von Margret Rasfeld Konzepte wie »Lernbüros« (mit zunächst nur physischen unterschiedlichen Lernmaterialien, aus denen Schüler:innen sich selbstverantwortlich die für sie passenden aussuchen konnten, später auch mit digitalen Tools), »Lernen durch Engagement«, »Peer-Learning«, »Projektlernen«, »Sozialkompetenzen-Lernen«, »Demokratiekompetenz«, »Design Thinking« und eigenem »Education Innovation Lab« (das moderne physische und digitale Lerntools entwickelt und an der esbz testet). Die esbz bewarb sich als erste Schule weltweit bei einem Stiftungswettbewerb für Eliteförderung mit dem Konzept »Elite für alle« – und gewann damit den Wettbewerb. Mit ihrem Konzept von »Projektlernen« (und der dafür eingeführten neuen Schulfächer »Verantwortung« und »Herausforderung«) entwickelte die esbz die erste von Schülern entwickelte und staatlich anerkannte Fortbildung von Lehrkräften für eine bessere Motivation von Schüler:innen in ihren Schulen. Diese wurde zur landesweit erfolgreichsten Fortbildung von Lehrkräften. Aus den Erfahrungen aus ihrer Schule initiierte Margret Rasfeld mit weiteren Partnern die länderübergreifende Initiative »Schule im Aufbruch«.

In Kolumbien startete in den 1980er Jahren die Fundaec-Stiftung ein Projekt, das dem ursprünglichen Ziel diente, modernes Wissen auf ländliche Anforderungen anzuwenden. Die Gründer hatten zuvor für den transnationalen Länderverbund Mercosur eine Studie durchgeführt über die Ursachen der extremen Verstädterung in Lateinamerika. Sie kamen zu einem überraschenden Ergebnis: Das

Hauptproblem war nicht, dass Landkinder zu wenig Bildung erfahren, sondern dass faktisch die Schulkonzepte, Curricula und Lernmaterialien – nicht nur in Lateinamerika, sondern weltweit – überall von Städtern entwickelt wurden und daher auf städtische Bedarfe ausgerichtet waren. Die Fundaec-Stiftung machte es sich daher zu ihrer Aufgabe, passende Schulkonzepte, Curricula und Lernmaterialien fokussiert auf ländliche Bedarfe neu zu entwickeln.

Da die ländlichen Regionen Kolumbiens zu jener Zeit und für mehrere Jahrzehnte weitestgehend unter der Herrschaft der Farc waren, hatten sie weitgehend freie Hand, weil immer mehr Lehrkräfte diese Regionen verließen und praktisch keine neuen dorthin gehen wollten. Im Ergebnis entwickelte das Fundaec-Team radikal neue Lernmaterialien für *Lernen in Teams* mit *Lerncoaches*, die dafür aus den Dorfgemeinschaften rekrutiert und angelernt wurden. Das Curriculum führte mehrere Wissensgebiete, die sinnvollerweise in ihren Zusammenhängen verstanden und vermittelt werden sollten, so zusammen, dass es dort nur noch fünf integrierte Fächer gab, konkret: »Naturwissenschaft« (Physik, Chemie, Biologie, Ökologie), »Kommunikation« (Sprache, Psychologie, Sozialwissenschaften, soziale und lebenspraktische Kompetenzen), »Mathematik« (als anwendungsbezogene »Sprache der Wissenschaften«) sowie »Technologie« und »Gemeinschaft«. Die beiden letztgenannten waren direkt mit der unmittelbaren Anwendung allen erworbenen Wissens und aller erworbenen Kompetenzen in praktischen Projekten zur Dorfentwicklung verknüpft sowie zur Entwicklung vieler neuer Innovationen, bei denen insbesondere auch alte ländliche Innovationen aufgegriffen, integriert und weiterentwickelt wurden.

Dieses Bildungssystem würde sehr früh von immer mehr anderen ländlichen Bildungseinrichtungen in Kolumbien übernommen, zunächst von privaten Einrichtungen und NGOs. Als die Zeit der Farc-Dominanz langsam endete, stellte das nationale Kultusministerium fest, dass die Absolventen der Fundaec-Ausbildung ihren staatlichen Absolventen mindestens eineinhalb Jahre voraus waren. Die Effekte des Fundaec-Ansatzes sprach sich rasch auch an den Hochschulen in ganz Lateinamerika herum, die daraufhin deren Absolventen mit Handkuss aufnahmen. Das Fundaec-Bildungssystem umfasst inzwischen von vorschulischen Einrichtungen bis universitäre Abschlüsse und Post-Graduate-Angebote sowie eigene Forschungs- und Startup-Einrichtungen.[15] Das Kultusministerium attestierte Fundaec nach eingehender Prüfung vor einigen Jahren, dass deren Absolventen jenen der staatlichen Schulen mindestens um eineinhalb Jahre voraus sind. Das Land Kolumbien machte in den letzten Jahren und Jahrzehnten mit den größten Entwicklungssprung in der Bildung weltweit, was nicht zum geringen Teil mit dem Wirken von Fundaec und deren Nachahmer zu tun hat.

Die Vergabe des Friedensnobelpreises im Jahr 2006 an die Grameen Bank und dessen Gründer Muhammad Yunus machte dieses Projekt weltbekannt. Das Besondere der Grameen Bank in Bangladesh war: Sie vergab ausschließlich an die Allerärmsten Kredite – kleine Kredite, mit denen sie sich aus ausbeuterischen Arbeitsverhältnissen in jeweils kleine Selbständigkeiten befreien konnten. Eine Bedingung war, dass diese sich in 5er-Gruppen als wechselseitige Berater:innen und Unterstützer:innen organisierten. Durch die völlig ungewöhnlich niedrigen Zinssätze von Grameen für diese »Menschen ohne Sicherheiten« konnten sie sich damit eine eigene Existenz aufbauen, ihre Kredite zu 99 Prozent problemlos zurückzahlen und ließen praktisch alle die Armutsgrenze deutlich hinter sich.

Wenig bekannt ist die Bildungsrevolution, die mit der besonderen Denk- und Arbeitsweise der Grameen Bank und deren Kreditnehmer:innen einherging. Bereits in der Gründungszeit von Grameen erhoben nicht deren Gründer um Muhammand Yunus, sondern die ersten Kreditnehmer:innen die Forderung, dass alle, die einen Kredit bei dieser Kleinkreditbank für die Ärmsten erhalten möchten, sich dazu verpflichten müssten, ihre Kinder zur Schule zu schicken. Das Grameen-Team fand diese Idee sehr gut und integrierte diese Forderung als Bedingung für die Kreditvergabe. Die Kreditnehmer:innen der ersten Jahrzehnte waren zu 100 Prozent ausschließlich die Allerärmsten und mit dem gleichen Prozentsatz Analphabet:innen. Bei deren Kindern, also bereits in der nächsten Generation dieser rund 8 Millionen Kreditnehmer:innen und Analphabet:innen lag die

15 Zu dem esbz- wie dem Fundaec-Projekt finden sich ausführliche Informationen in: Margret Rasfeld / Peter Spiegel: EduAction. Wir machen Schule. Hamburg, 2. Auflage 2013. Murmann Verlag

Analphabetenquote bei null Prozent. Doch nicht nur dies: Die Grameen Bank bot ihren Kreditnehmer:innen mit deren wachsendem wirtschaftlichen Hochkommen ein Ansparen für die Ermöglichung eines Studiums für ihre Kinder an. Tatsächlich absolvierten außerordentlich viele dieser Kinder Hochschulen, und dies mit Spitzenabschlüssen. Sie zählten plötzlich zu den Allerbesten im Lande.

Der Hauptfaktor für alle diese Erfolge war die revolutionär andere Einschätzung der kreditnehmenden Ärmsten in seinem Land wie später auch in vielen anderen Ländern. Muhammad Yunus und sein Team waren davon überzeugt, dass Menschen, die ihre Familien trotz unmenschlichster Bedingungen irgendwie durchbrachten, Menschen mit erstaunlichen Fähigkeiten sind. Dass sie unternehmerische Fähigkeiten haben müssen, kreditwürdig sind, handwerkliche und zahlreiche weitere Kompetenzen haben und ihre eigenen Lebensperspektiven wie auch jene von ihren Kindern verantwortungsvoll Schritt um Schritt verbessern können. Stabilisierend waren dabei sicher auch die praktizierte Förderung der Team- wie der allgemeinen Verantwortungskompetenz im gesamten Grameen-Konzept.[16] Mit der Imaginationskompetenz des Grameen-Teams hob dieses die Imaginationskompetenz der Kreditnehmer:innen wie auch jene von deren Kindern und Familien weit über das hinaus, was fast alle Experten zuvor für möglich hielten.

Die digitale Revolution erfordert ganz grundsätzlich den universellen Durchbruch der Future Skills als Fundament eines neuen nachhaltigen und menschlichen Wohlergehens

Die einseitige Fixierung auf Wissenserwerb wird sich spätestens dann final zugunsten einer *intelligenten Verknüpfung* von *lebenslangem Wissenserwerb* mit der überlagernden und überragenden Bedeutung von *lebenslanger Future-Skills-Potentialentfaltung* auflösen, wenn wir realisieren, *dass und warum* heute Bildungs- und Innovationsforscher, Unternehmensführer und Start-ups, zivilgesellschaftlich Engagierte und führende Repräsentanten aus allen gesellschaftlichen

16 Peter Spiegel: Muhammad Yunus. Bank der Armen, Gestalter der Zukunft. Freiburg 2012. Herder Verlag

Sektoren immer mehr auf menschliche und zwischenmenschliche Zukunftskompetenzen setzen. Daher seien an dieser Stelle noch einige Statements hierzu angeführt:

»Kreativität ist heute so wichtig wie Lesen und Schreiben.« Sir Ken Robinson, international bekanntester Kreativitätsforscher

»Prinzipiell schränkt kreative Menschen nur eines ein, und zwar ihre eigene Vorstellung davon, was sie erreichen können.« Paula Thiery und Steven Farmern, Managementprofessoren

»Universell anwendbare Lebensfertigkeiten sollten in den Mittelpunkt rücken … Wir müssen vor allem uns selbst immer wieder neu erfinden.« Yuval Noah Harari, meistgelesener Historiker der Gegenwart

»Emotional intelligent, teamfähig, kreativ, innovativ und sinnvoll gestaltend müssen wir heute werden.« Gunter Dueck, Unternehmensberater und Bestsellerautor

»Heute braucht jeder Mensch die WeQ-Kompetenzen für Co-Kreation, also insbesondere Empathie, Selbststeuerung, Teamgeist und Changemaking.« Bill Drayton, Entdecker der Bedeutung von sozialen Innovationen und Gründer von Ashoka

»Kollaborative Arbeitsweisen entscheiden über die Zukunftsfähigkeit von Unternehmen und Gesellschaften.« Hasso Plattner, einer der Gründer von SAP

»Teamfähigkeit, selbständiges Arbeiten, Entscheidungs- und Kooperationsfähigkeit werden heute gebraucht.« Deutscher Industrie- und Handelstag

» Notwendig ist heute Kompetenzvermittlung, die Menschen dazu befähigt, gestaltende Akteure des Strukturwandels zu sein.« Maja Göpel, Transformationsforscherin und Initiatorin von »Scientists for Future«

»Collaboration is the next competition.« Todd Khozein, Erfinder der Hackathons

»Die Gesellschaft der Zukunft ist eine Kompetenzgesellschaft.« John Erpenbeck, Bildungsforscher

»Lernen voneinander und Arbeiten miteinander an neuen kreativen Lösungen gelingt nur mit Zukunftskompetenzen.« Verena Pausder, Vorstandsvorsitzende des Startup-Verbands

- »Schlüssel für die Skills der Zukunft sind mehr als jemals zuvor emotionale und soziale Fähigkeiten: Kreativität, Toleranz, Neugier und Stressstabilität, Teamkompetenz, Vertrauen in die eigene Person Im Vordergrund stehen problemlösendes, interdisziplinäres Erfahrungslernen.« Thomas Sattelberger, Serien-Personalchef bei DAX-Unternehmen und Staatssekretär im Bundesministerium für Bildung und Forschung
- »Eine Unternehmenskultur, die nicht jeden Mitarbeiter als Innovator positioniert, wird schnell ins Hintertreffen geraten. Denn heute sind wir wieder alle kreativ. Kreativität … steckt in jedem von uns, gehört zu unserer Spezies, ist direkt mit unserem Menschsein verbunden.« Martin Seligmann und Mihaly Csikszentmihalyi, Gründer der Positiven Psychologie

Der heute entscheidende *Knappheitspunkt* ist nicht länger technologischer Natur, der durch Wissens-Know-How gemeistert werden kann, sondern *menschlicher Natur*, der unumgänglich hoch qualitatives Werte-und-Haltungs-Know-Why und Kompetenzen-Act-How braucht, damit wir unsere Rolle als Co-Creatoren unseres Planeten verantwortungsvoll und wirksam wahrnehmen können. Es geht auf allen Ebenen um die Qualität unserer Zusammenarbeit und den Wechsel von kompetitiven zu kollaborativen menschlichen Werten, Haltungen und Kompetenzen. Mit Future Skills können wir alle »zu Entfaltenden unserer Potentiale und zu Zukunftsgestaltenden werden. Für und bei uns selbst, in Teams, in Organisationen, in der Gesellschaft«, schreibt Andreas Schleicher in seinem Vorwort zu dem ersten umfassenden »Future Skills Praxisbuch«[17], das die beiden Autoren dieses Buches mit weiteren 67 Co-Autor:innen 2021 herausbrachten. 30 ausgewählte Future Skills als »neue Dimension des Menschenrechts auf ZukunftsBildung« und »Alphabet des 21. Jahrhunderts« werden dort, laut Schleicher, »einzigartig« in der »Qualität eines echten Praxisbuchs« aufbereitet.

17 Future Skills – 30 zukunftsentscheidende Kompetenzen und wie wir sie lernen können. Von 69 Co-Creators. Herausgegeben von Peter Spiegel, Arndt Pechstein, Anabel Ternès von Hattburg und Annekathrin Grüneberg. München 2021. Franz Vahlen Verlag

Der langjährige Personalchef in mehreren DAX-Unternehmen und zeitweise Staatssekretär im Bundesministerium für Bildung und Forschung, Thomas Sattelberger, setzt in diesem Sinne insbesondere auf sogenannte »Dritte Orte« wie Maker Spaces: »Diese Dritten Orte des Lernens (neben Schule, Familie und Peer Group) brechen soziale Statusgrenzen auf und versuchen, gleiche Entfaltungschancen für jeden zu ermöglichen. Es ist auch ein Bruch mit traditioneller Schulhierarchie: Lehrer und Lehrerin sind keine Vorgesetzten mehr, sondern Lernprozessbegleiter. So entstehen neue soziale Normen und eine neue soziale Ordnung, die sich von der hierarchischen schulischen Ordnung unterscheiden und Brücken zur hierarchiearmen Netzwerkgesellschaft schlagen … Dritte Lernorte würden den schulischen Ganztag erheblich aufwerten. Und auch das Damoklesschwert Lehrermangel würden sie erheblich entschärfen. Denn attraktivere Schulen ziehen auch Quereinsteiger und Seitenwechsler an. Eine Studie hat jüngst Hinweise geliefert, dass Lehrkräfte ohne Leramtsstudium keine schlechtere Arbeit machen als ihre klassisch ausgebildeten Kollegen.«[18]

Erik Händeler, Deutschlands bekanntester Experte und erfolgreichster Publizist zu den sogenannten großen Kondratjeff-Zyklen, die den oben genannten Industriellen Revolutionen entsprechen, bezeichnete bei einem bemerkenswerten Online-Vortrag im September 2022 *die menschlichen und sozialen Future Skills* als den neuen Kondratieff-Zyklus, den 6. Kondratieff.[19] »Nur durch eine umfassende neue Kultur der Zusammenarbeit sind wir individuell bis global zukunftsfähig« – so seine aktuelle bemerkenswerte Schlussfolgerung nach mehr als 25 Jahren Forschungsarbeit zu diesem Thema.

Er bekräftigt damit auch die Einschätzung, zu der das WeQ Institute 2014 kam bei der Betrachtung von mehr als 200 je einzeln bereits zutiefst weltverändernden Trends wie Social Innovations, Social Business, Co-Working Spaces, Design Thinking, New Work, Wikipedia, Open Source oder Kreislaufwirtschaft, die sich von vorherigen Trends substanziell unterschieden durch erheblich gesteigertes

---

18 Thomas Sattelberger: Radikal neu. Gegen Mittelmaß und Abstieg in Politik und Wirtschaft. 2023. Herder Verlag

19 Erik Händeler, Video abrufbar unter https://www.futureskills.org/

gesamtsystemisches und kollaboratives Denken und Agieren. Daraus leitete eine Gruppe von bekannten Pionierinnen und Pionieren, zu denen u. a. der Gehirnforscher Gerald Hüther, der Design-Thinking-Pionier Ulrich Weinberg und die Bildungsinnovatorin Helga Breuninger gehören, den WeQ-Metatrend[20] ab und sahen in diesem den 6. Kondratieff. Gerald Hüther brachte dieses neue Denken und Handeln damals so auf den Punkt: »Das zutiefst Menschliche in uns zu entwickeln ist die zentrale Aufgabe des 21. Jahrhunderts.«[21] Gemeinsam gründeten sie zusammen mit weiteren Vordenkenden 2015 die WeQ Foundation, die sich zusammen mit dem WeQ Institute und einem sich seither permanent erweiternden Partnernetzwerk insbesondere der Förderung von Future Skills widmeten. Das große Verdienst von Erik Händeler ist, dass er die Future Skills als den Schlüssel dieser neuen Entwicklungsstufe sieht und dies unmittelbar aus der Kernlogik der vorherigen Kondratieff-Zyklen ableitet.

Die Königsdisziplin der Imaginationskompetenz: Kombiniere, was bisher nicht kombiniert wurde

Wenn Future Skills die neue Königsdisziplin sind für unseren Ausweg aus den Herausforderungen und Engpässen des digitalen Zeitalters, und wenn die Erweiterung unserer Imaginationskraft die Königsdisziplin unter den Future Skills ist, was ist dann die Königsdisziplin innerhalb unserer Imaginationskompetenz?

Wie uns (alle) die Imagination von Kombinatorik zu kreativen Mitgestaltern der Erde macht

Die Antwort ist verblüffend einfach: Es ist die Imagination des Kombinierens von Dingen, die bisher nicht kombiniert wurden oder

20 Mehr dazu in: Peter Spiegel: WeQ – More than IQ. Abschied von der Ich-Kultur. München 2015. oekom Verlag

21 Gerald Hüther: Würde. Was uns stark macht – als Einzelne und als Gesellschaft. München 2018. Knaus Verlag

zumindest noch nicht so konsequent und intelligent wie dies möglich wäre.

Innovationsforscher erkannten dies schon lange als »das Geheimnis von besonders großen Innovationen«, von Sprunginnovationen.[22] Der Erfolg von Apple ist ein Musterbeispiel hierfür. Apple-Gründer Steve Jobs arbeitete früh mit der Innovationsagentur Ideo in San Francisco zusammen. Von dort kam die Idee, dass Apple High-Tech mit Ästhetik und Intuition verbinden sollte. Diese für ein High-Tech-Unternehmen damals noch sehr verrückt erscheinende Idee stieß bei Steve Jobs auf fruchtbaren Boden – und wurden zum absolut entscheidenden Erfolgsfaktor für Apple: High-Tech kann auch so aufbereitet sein, dass man diese weitestgehend intuitiv nutzen kann, ohne mühsamem Studium von Gebrauchsanweisungen in einer den meisten sehr fremden Tech-Sprache. Und High-Tech kann zusätzlich auch besonders ästhetisch daherkommen. Erst mit einigem Zeitverzug zogen die Konkurrenten nach, nachdem sich ihre erste Reaktionsphase des Belächelns und Erstaunens über derartige Abseitigkeiten durch die offensichtlichen Erfolge von Apple in Staunen und Nachahmen verwandelten. Nahezu alle großen Entwicklungs- bzw. Innovationssprünge gingen und gehen aus solcherart Kombination von Dingen hervor, die zuvor als nicht sinnvoll, nicht möglich oder schlicht unsinnig gegolten haben. Auf mehr Beispiele dazu komme ich im übernächsten Kapitel zurück.

Ohne Fortentwicklung unserer Imaginationskompetenz können wir uns in unseren Arbeits- und Kompetenzfeldern nur im Rahmen von sogenannten inkrementellen, schrittweisen Innovationen fortbewegen und wirksam werden, also durch kleinere Verbesserungen im Rahmen bisheriger Technologien oder Arbeitsabläufe. Mit Aktivierung und Routinisierung sich fortschreitend ausweitender

---

22 Oft werden diese noch als »disruptive Innovationen« bezeichnet. »Disruptiv« bedeutet »zerstörerisch« und bezieht sich in diesem Zusammenhang auf die Theorie der »kreativen Zerstörung« nach dem österreichischen Nationalökonomen Joseph A. Schumpeter, der damit die fundamentale Überwindung vorheriger Innovationslinien meint durch derart kreative neuartige Innovationen, dass dadurch die vorherigen technologischen Innovationen »zerstört« werden und keine Zukunft mehr haben. In jüngerer Zeit setzte sich dafür immer mehr der Begriff »Sprunginnovationen« durch.

Imaginationskompetenz können wir – wir alle – aktiv mitspielen in der Welt von Entwicklungssprüngen und Sprunginnovationen. Klingt wieder nach »zu hoch gegriffen«? In dem Maße, wie wir uns der jeweils nahezu unendlich großen Vielfalt der Natur, der Menschen, der Kulturen, der Wahrnehmungen etc. zuwenden, »passieren« Gedankenblitze von Kombinatorik nahezu unvermeidbar.

Ein real passiertes »verrücktes« Beispiel als Übung – stellvertretend für Milliarden weiteren möglichen Kombinatoriken, wie wir unsere Welt verbessern können, wenn wir die Rahmenbedingungen für unsere Wahrnehmungen auf solcherart »kombinatorische Gedankenblitze« vorbereiten: Wenn wir Lotusblüten beobachten, kann uns (allen) auffallen, dass diese immer wie »frisch geputzt« aussehen. Wir könnten uns dann fragen: Wie macht die Lotusblüte das? Wir könnten schließlich feststellen: Die Lotusblüte scheint immun zu sein gegenüber nahezu jeden Schmutz, jeglichen Dreck. Wie kann das sein? Was ist ihr Geheimnis? Soviel sei hier verraten: Die Lösung hat mit deren Oberflächenstruktur auf der Ebene von Nanotechnologie zu tun. Also die gute Nachricht für alle: Die nanotechnologischen Erkenntnisse dazu sich aneignen und dann sich fragen, was man damit in unserer menschlich gestalteten Welt alles »sauber« machen kann.

Aus dem Geheimnis der »Schmutzimmunität« der Lotusblüte eröffnen sich reichlich viele Anwendungsfelder und damit verbundene Produktinnovationen. Drei Beispiele zum Einstieg – und dann weitere mögliche Anwendungsfelder selbst hinzufügen:

- Spaghettisauce klebt nicht länger am T-Shirt
- Hauswände bleiben auch ohne Putzkolonnen dauerhaft wie neu
- Krankheitserreger haben es viel schwerer, irgendwo haften zu bleiben

Einer der Pioniere für die Entdeckung der »Intelligenz in natürlichen Systemen« und der damit verbundenen raffinierten Kombinatorik in der Natur ist Gunter Pauli. Mit Beispielen der folgenden Art regte er zahlreiche Forschungen an, aus denen inzwischen immer neue spektakuläre Produkte und Geschäftsmodelle entstehen und auf den Markt kommen:

- Termiten halten in ihren Hügeln eine konstante Temperatur von 27 Grad Celsius aufrecht – indem sie Kamine bauen, die automatisch sowohl die Temperatur als auch die Luftfeuchtigkeit regeln.

- Das Zebra »schuf« eine intelligente Lösung einer eigenen Oberflächenbelüftung als erstaunlich wirksame Kühlungsmethode – durch eine spezifische Anordnung von weißen und schwarzen Streifen auf seinem Fell, durch die wegen der Luftdruck-Unterschiede über den weißen und schwarzen Streifen minimale Windböen erzeugt werden, die für Kühlung sorgen.

- Ein »Naturrätsel« zum Selberrecherchieren: Wie schafft es der Pfau, derart prächtige Farben zu zeigen, ohne dabei Farbpigmente zu besitzen?

Der unendlich große Wert und Schatz von Innovationen, die wir im »größten und intelligentesten Innovator aller Zeiten« – der Natur – noch entdecken und dann für systemisch und kombinatorisch besonders nachhaltige Lösungen nutzen können, ist ein weiteres starkes Argument für die Bedeutung des Erhalts der Artenvielfalt. Denn der Schutz der Artenvielfalt der Natur ist der Erhalt der größtmöglichen Vielfalt an innovativen Lösungen für die Zukunftsaufgabe Nachhaltigkeit für uns Menschen.

Wie uns unsere wachsende Imaginationskraft *alle* Future Skills aufblühen lässt

Zur Bedeutung der Königsdisziplin innerhalb der Imaginationskompetenz – die *Kombinatorik aller Future Skills miteinander* – hat mich die folgende Geschichte besonders inspiriert:

Ein junger Mensch lauschte den Erklärungen eines Menschen, der allgemein als weise galt, über den glücksstiftenden Wert des Erwerbs von unterschiedlichen Tugenden und Haltungen – also dem, was wir heute eher als Lebensschlüsselkompetenzen bezeichnen würden. Nachdem dieser junge Mensch von dem Weisen viel aufgenommen und angenommen hat, fragte er diesen, was sein Rat sei, mit welcher Haltung oder Tugend (oder Kompetenz) er beginnen sollte. Dessen Antwort: »Mit welcher Du willst.« Auf nochmalige Bitte um Rat wiederholte er seine Antwort und begründete diese so: »Egal mit welcher Du beginnst und welche Du ernsthaft fortentwickelst, wirst Du unweigerlich immer alle wertvollen Haltungen und Kompetenzen mitentwickeln, denn sie sind untrennbar miteinander verbunden.«

Diese Geschichte, die ich schon vor längerer Zeit aufgeschnappt hatte, verhalf mir im Zuge meiner Beschäftigung mit den Future Skills zu der ziemlich kühnen These: Jeder Mensch kann jede Future Skill erwerben, wenn er auch nur *eine gründlich* erwerben will. Die Entscheidung für eine, die mir richtig wertvoll und wichtig ist, ist unwillkürlich und unvermeidlich ein Einstieg in das sukzessive Mitlernen und Miterwerben aller anderen, denn alle hängen untrennbar miteinander zusammen.

Was heißt: Wenn ich zum Beispiel meine Kreativkompetenz weiterentwickeln möchte, sind zum Beispiel die Fortentwicklung meiner Achtsamkeit, meine Multiperspektivität, meine Teamkompetenz, mein systemisches Denken, meine Begeisterung, meine Medienkompetenz, meine Kommunikations- und Storytelling-Kompetenz, meine Selbstwirksamkeit, meine Resilienz, meine Empathie und, ja, auch meine Authentizitäts- und natürlich auch meine Imaginationskompetenz sehr hilfreiche »Begleiter«. Jeder einzelne Zuwachs in einer dieser oder anderer Future Skills ist die Eröffnung einer weiteren Vertiefungsstufe meiner Kreativkompetenz – oder welche immer ich mir als meine Lieblings- oder Einstiegskompetenz auserwählt habe. Wenn ich mir im Zuge meiner Beschäftigung mit meiner Imaginationskompetenz klar mache, dass alle Future Skills derart eng mit allen Future Skills verbunden sind, dann wird diese bewusst entschiedene Imagination so etwas wie der Universalschlüssel zum Aufschließen und Erschließen *aller* Kompetenzen, die uns Menschen im besten Sinne immer menschlicher machen können.

Und mit dieser Imagination können wir uns auch von einer noch weit verbreiteten und ziemlich tief verwurzelten Denkblockade befreien: Dass wir nur für einige dieser Zukunftskompetenzen

»talentiert« seien. Auf der Grundlage dieser Denkblockade lassen wir uns oft allzu bereitwillig auf Talente-Tests, Talente-Messungen, Talente-Zuschreibungen und -Abschreibungen ein, die uns weit von dem fernhalten und wegführen, was uns aufgrund unseres schlichten Menschseins grundsätzlich offensteht und was wir uns mit wachsender Imagionationsfreiheit und -kraft immer besser erschließen und zueignen können.

Wenn wir uns jedoch bewusst sind beziehungsweise bewusstwerden, dass solcherart Tools zwar nicht als *Bewertungs*instrumente taugen, aber sehr wertvoll und hilfreich sein können als *Reflektions*tools – und wenn diese Tools dann auch auf diese Dienstleistung hin konzipiert und ausgearbeitet sind, dann sollten wir diese nutzen. Ein wunderbares Beispiel hierfür ist der Future Skills Navigator, der von Arndt Pechstein und Martin Schwemmle aus dem Future Skills Kernteam entwickelt wurde.[23] Dort schreiben sie beispielsweise: »Wir brauchen kein anderes Gehirn und keine neue Hardware. Im Gegenteil: Wir sind bereits mit einer fantastischen Hardware versehen, die jede Maschine übertrifft. Was wir brauchen, ist ein Software-Update, das uns hilft, das Potential, das wir in uns tragen, wiederzuentdecken und freizusetzen. Dieses Software-Update ermöglicht es uns, mit Exponentialität umzugehen, indem wir werteorientiert, mutig, gemeinsam und experimentell Zukunft aktiv gestalten.«

Die *Kombinatorik von Future Skills* sollte unbedingt ein Schlüssel-Anwendungsthemenfeld sein für die Entwicklung unserer Imaginationskompetenz. Und die Kombinatorik von Future Skills sollte auch eine Schlüsselaufgabe von Tools wie dem Future Skills Navigator und weiteren Tools dieser Art sein.

23 Arndt Pechstein / Martin Schwemmle: Future Skills Navigator. Ein neues Menschsein für die Welt von morgen. Das erste umfassende Framework für Zukunftskompetenzen. 2023. Vahlen Verlag.

KAPITEL 6

PLANLOS IN DIE ZUKUNFT

Wir müssen lernen, unsere Wege beim Gehen zu bauen
Rüdiger Fox

An dieser Stelle mag sich in manchen Lesern Widerstand regen: Warum sollten wir neue Fähigkeiten trainieren? Wir leben doch in einer zunehmend unvorhersehbaren Welt, die immer häufiger jeden mittelfristigen Plan willkürlich zu vereiteln scheint und wir schon froh sein können, zumindest kurzfristig ein wenig temporäre Stabilität zu finden? Und wenn dies schon so ist, auf welche Lernschwerpunkte sollten wir uns konzentrieren, wenn der Nutzen unseres Einsatzes immer schwerer vorhersehbar wird?

Hinter jedem Lern-Engagement steht üblicherweise eine persönliche Investitionsrechnung, bei der zumindest der angenommene spätere Nutzen gegenüber der subjektiven Bewertung des persönlichen Einsatzes überwiegen muss. Wie soll da eine solche Rechnung aussehen, wenn wir kaum abschätzen können, in welcher Welt wir uns in mittlerer oder ferner Zukunft erfolgreich orientieren müssen?

Während sich die ältere Generation noch daran erinnern mag, wie wir gezielt nach der Schule eine Ausbildung ausgewählt und begonnen haben, um uns dann mit viel Fleiß ein paar Jahrzehnte durch ein möglichst vielversprechendes Berufsleben zu arbeiten, bis wir endlich das Rentenalter erreichen und mit sentimentalem Blick auf das Erreichte eine arbeitsfreie und abgesicherte letzte Lebensphase genießen dürfen, so erscheint heute nichts davon mehr planbar.

Die Zukunft wird planlos

Betrachtet man klassische Lerninhalte von Ausbildungen bis Studiengänge, so lässt allein schon die Digitalisierung die Halbwertszeit des Nutzens von den meisten Ausbildungsinhalten immer schneller zusammenschmelzen. Das einstmals aufwändig Gelernte aus den Büchern, mühsam zusammengetragen von früheren Generationen, hilft kaum noch dabei, sich in der Welt von heute zurechtzufinden. Gleichzeitig verschwimmen die Grenzen zwischen den Fachbereichen und es entstehen – wie von Peter im vorigen Kapitel beschrieben – Innovation und Erfolg immer häufiger erst durch die Verbindung ganz unterschiedlicher Themenfelder. Spezialistentum, das noch bis zum Ende des letzten Jahrtausends als der sichere Schlüssel zum Erfolg galt, wird zunehmend zur Hürde, weil Wissensbreite und Kontextverständnis immer entscheidender werden. Mit schrumpfender Nutzungsdauer erscheint demzufolge jede Form des Lernens immer weniger sinnvoll.

Gleichzeitig sind einzelne Arbeitsplätze nicht mehr lediglich nur noch temporär sicher, sondern selbst scheinbar unerschütterliche Unternehmen geraten ins Wanken. Noch vor 20 Jahren erklomm Jim Collins sämtliche Bestsellerlisten von Managementliteratur mit seinem Buch »Der Weg zu den Besten«, nachdem er durch akribische Erforschung von einer Vielzahl von Unternehmensgeschichten die »sieben Management-Prinzipien für dauerhaften Unternehmenserfolg« aus deren Vergangenheit herausdestilliert hatte. Inzwischen erscheint diese Heilsbotschaft naiv angesichts der zunehmend dynamischen Marktveränderungen. Dass die staatlich geförderte US-Hypothekenbank Fannie Mae zu der Heldenliste von Collins gehörte und bereits wenige Jahre nach Erscheinen des Buches im Sog der Finanzkrise abstürzte, ist hier nur einer der sichtbarsten Belege dafür, dass die Illusion, man braucht nur die richtige Strategie, um erfolgreich zu sein, längst zerplatzt ist. Das beeindruckende Unternehmensziel von Fannie Mae, nämlich die »Stärkung des sozialen Gefüges durch kontinuierliche Demokratisierung des Wohneigentums«, noch laut Collins eines ihrer wesentlichen Erfolgsrezepte, wurde in Folge zunehmend liberaler Finanzmärkte durch fragwürdige Finanzierungsmodelle unterspült und der Bank dadurch das Fundament entzogen.

Wenig anders ging es in den letzten Dekaden Unternehmen wie Nokia oder Yahoo, bei denen sich in weniger als zwei Jahren ihre scheinbar unangreifbare Marktführerschaft in Luft aufgelöst hat. Hier waren es Konkurrenten, die das nächste technologische Upgrade angeboten haben, während sich die Platzhirsche noch im eigenen Erfolg ihrer noch wenige Jahre zuvor revolutionären Technologieentwicklungen sonnten.

Inzwischen kann sich kein Unternehmen mehr auf einer standardisierten Management-Strategie oder einem Erfolgs-Status Quo ausruhen – womit in der Folge auch kaum ein Mitarbeiter sich seines Arbeitsplatzes mehr sicher sein kann, selbst wenn er noch so fleißig oder ausgebildet ist. Die äußeren Risiken für Unternehmen haben inzwischen einen viel größeren Einfluss auf die Zukunft des Arbeitsplatzes als die eigene Leistung. Dies demonstriert die lange Liste der Entlassungswellen von Großunternehmen deutlich, die fast ausnahmslos durch Marktverschiebungen gerechtfertigt werden.

Zunehmend werden selbst ganze Industriezweige ersetzt – und mit ihnen Berufsbildern, die bisher als unverzichtbar erschienen. Medienagenturen, bei denen Reporter vor Ort durch frei verfügbare Social Media Informationsquellen abgelöst werden (mit allen Herausforderungen, hier »echt« von »falsch« zu unterscheiden), Geschäfte und Einzelhandel, die mit den Angeboten von Versandhändlern und Lieferdiensten in Punkto Bequemlichkeit des Einkaufserlebnisses kaum mithalten können, oder Videotheken und Reisebüros, deren Dienstleistungsangebot kaum noch mit dem Internet konkurrieren kann, sind hier nur einige Beispiele.

Dabei sind die vollen Auswirkungen von künstlicher Intelligenz oder Quanten-Computern noch gar nicht erkennbar. Einen Eindruck von der Dimension der Veränderungen, die diese Technologien zur Folge haben werden, gibt der offene Brief, den die Unternehmensführungen der drei wichtigsten KI-Konzerne OpenAI (ChatGPT), Google (DeepMind) und Microsoft mit dutzenden anderen KI-Forschern und Unternehmenslenkern im Mai 2023 an den amerikanischen Kongress gerichtet haben und der aus nur einem einzigen Satz besteht: »Die Minimierung des Risikos des Aussterbens (der Menschheit) durch KI sollte neben anderen gesellschaftlichen Risiken wie Pandemien und Atomkriegen eine globale Priorität sein«.

Auch wenn hinter einem solchen öffentlichen Statement sicherlich unternehmerisches Kalkül steht, so ist die Grundaussage zweifellos korrekt: Wir leben in einer Zeit, in der in ihrem Ursprung winzige Veränderungen nicht nur an Gencodes oder atomaren Strukturen, sondern auch Computercodes in den falschen oder auch nur inkompetenten Händen Auswirkungen haben können, die schnell auf globaler Ebene zu unkontrollierbaren Konsequenzen führen. Die Corona-Pandemie war bisher eine der deutlichsten Demonstrationen, wie schnell ein einzelner Virus unser gesamtes gesellschaftliches System erschüttern kann und wie schlecht wir darauf vorbereitet sind. Im digitalen Raum ist das Risiko inzwischen ebenso groß.

Und dabei ist die Liste noch lange nicht komplett. Globale Veränderungen, die durch eine Vielzahl an kleinsten Einzelhandlungen vorangetrieben werden, erregen zunächst durch ihre schleichende Veränderung kaum Aufmerksamkeit. Sie bergen allerdings als kollektives Phänomen ein ebenso fundamentales Veränderungsrisiko in unseren Lebensbedingungen. Dies gilt in gleichem Maße für soziale Verwerfungen wie für die Konsequenzen der zunehmenden Überlastung der Selbstheilungskräfte unserer Ökosysteme wie beispielsweise die Vermüllung des Planeten oder der Klimawandel.

Zuletzt sind es dann auch noch die Vielzahl der zufälligen oder beabsichtigten Einzelstörungen, die unser inzwischen engmaschig vernetztes Wirtschafts- und Sozialsystem massiv erschüttern, wenn sie an neuralgischen Punkten wirken.

So vermag ein einzelnes Schiff, das im Suezkanal auf Grund läuft, innerhalb weniger Tage die gesamte weltweite Lieferkette verlangsamen, wenn es nicht in wenigen Tagen wieder freigeschleppt werden kann – wie es im März 2021 glücklicherweise gelungen ist. Ganz zu schweigen von einem politischen Konflikt im Golf von Aden, für den aktuell ca. 15 % des globalen Frachtvolumens und fast ein Drittel des globalen Containervolumens um das Horn von Afrika umgeleitet werden – ein Umweg aus Asien nach Europa von ca. 1–2 Wochen.

Auch die Effekte von Einzelentscheidung wie die des russischen Präsidenten Putin, in 2022 einen Angriffskrieg auf die Ukraine vom Zaun zu brechen, verursachen unvorbereitet globale Auswirkungen. Während eine Weltbevölkerung von inzwischen 8 Milliarden Menschen ihn anscheinend nicht wirkungsvoll daran zu hindern vermag, sind die meisten von ihnen von den Konsequenzen direkt betroffen: Inflation, Rezessionsangst und Versorgungslücken sind nur einige der Auswirkungen.

Und es wird nicht nur die Wirksamkeit unserer Ausbildungsphase und die Sicherheit unseres beruflichen Erfolgs in Frage gestellt, sondern auch die Versorgungsverlässlichkeit in derjenigen Phase des Lebens, in der unsere Kräfte langsam schwinden. Während in vielen Ländern die Sozialsysteme noch die Illusion aufrecht zu erhalten versuchen, die Renten seien sicher, so ist dies bereits finanzmathematisch angesichts zunehmender Lebenserwartung (und damit der Zahl an Versorgungsempfänger) und einem schrumpfenden Anteil des aktiv arbeitenden Teiles der Bevölkerung eine mühevoll am Leben erhaltene Illusion.

Gleichzeitig verwirken wir gerade rasant unseren moralischen Anspruch auf Versorgung durch die nächste Generation. Denn der sogenannte Generationenvertrag, der die gesellschaftliche Grundlage für die Rentensysteme bildet, bei denen die jüngere Generation die ältere Generation finanziell in ihrer letzten Lebensphase mitversorgt, basiert auf der moralischen Grundlage, dass dies als Gegenleistung dafür erfolgt, dass die vorhergehende Generation die Startvoraussetzungen geschaffen hat, auf der die Folgegeneration aufbauen kann. Doch sind wir aktuell die erste Generation, die diesen Vertrag bricht, da wir die verfügbaren Ressourcen deutlich schneller verbrauchen, als sie neu generiert werden können. Wir verbrauchen inzwischen mit zunehmender Geschwindigkeit die Reserven für die Zukunft, so dass die kommenden Generationen die ersten sind, die mit schlechteren Startvoraussetzungen ins Leben starten, als wir sie vorgefunden haben.

Wir können uns also in keiner der für frühere Generationen klassischen Lebensphasen von Lernen, Arbeit oder Ruhestand mehr darauf verlassen, dass unsere einmal geschmiedeten Pläne aufgehen. Wie soll es da gelingen, die Angst vor der Zukunft zu überwinden und sich auch noch aufzuraffen, sich neue Fähigkeiten anzutrainieren?

Erneut sind es unsere evolutionären Standardprogramme, die uns in einem solchen Umfeld in die Irre führen. Denn eine unsichere Welt kollidiert zunächst lediglich mit unserem natürlichen Bedürfnis nach Ordnung, Verstehen und Sicherheit. Sobald wir erkennen, dass wir das Ergebnis unserer Handlungen nicht mehr kontrollieren können, erscheint die Welt unsicher und zunehmend bedrohlich, was unmittelbar Angst auslöst. Und diese Angst ist, weil es evolutionär bisher nicht anders erforderlich war, sehr binär und ist nicht abhängig von den tatsächlichen Konsequenzen in ihrer Intensität dosiert: sie ist entweder »an« oder »aus«.

Das macht sie für die heutige Welt, in der externe Ereignisse auf unsere Pläne unvorhersehbare Auswirkungen haben mögen, allerdings selten mit lebensbedrohlichen Gefahren verbunden sind, häufig zu keinem guter Ratgeber, denn der durch sie ausgelöste Hormoncocktail in unserem Hirn entzieht uns die logische Kontrolle und aktiviert automatisch die einzigen drei Verteidigungsmechanismen, die die Natur hierfür im Portfolio hat: Kampf (»ich schaffe es trotzdem«), Flucht (»dann suche ich mir woanders einen sicheren Platz«) oder Einfrieren (»ich werde es einfach ertragen«).

Insbesondere letzterer nimmt in unserer Gesellschaft rapide zu, je häufiger wir trotz allen Bemühens weder die gewünschten Ergebnisse erzwingen können, noch es uns mittelfristig gelingt, durch Partner-, Wohnort- oder Arbeitsplatzwechsel unsere Zufriedenheit nachhaltig zu steigern.

Symptome hierfür sind nicht nur eine zunehmende Zahl an Burnout-Fällen, die laut AOK allein in den letzten zehn Jahren um 50 % gestiegen sind, sondern auch die kontinuierlich steigende Scheidungs- und Fluktuationsraten. Auch wenn in Einzelfällen eine Trennung in unserem allernächsten Bezugsbereich tatsächlich sinnvoll ist, so deutet die Gesamtstatistik darauf hin, dass unsere innere Logik, die unmittelbar Beteiligten verantwortlich zu machen und zu ersetzen, zu kurz zu springen scheint.

Sind diese beiden Strategien erfolglos, bleibt in letzter evolutionärer Konsequenz nur das »Einfrieren« übrig – die Resignation. Doch diese ist angesichts unserer aktuellen Herausforderungen im

Privaten ebenso wie in der Welt für eine Gesellschaft die gefährlichste aller Optionen. Denn sie nimmt uns die Energie, die unseren Gestaltungswillen antreibt, und verkürzt gleichzeitig den noch verbleibenden Zeithorizont für unseren Handlungsfokus: Wenn wir den Eindruck haben, mittelfristig nicht mehr sicher planen zu können, so liegt es nahe zu versuchen, kurzfristig noch möglichst viel mitzunehmen.

Dieser gesellschaftliche Trend ist unübersehbar. Ob es der private Rückzug in den Social Media Konsum von immer kürzeren Videoclips, die allgemeine Politikverdrossenheit oder die konsequente Flucht in das digitale Metaverse ist: Der Anteil derjenigen, die sich aus der aktiven Gestaltung unserer Gesellschaft zurückziehen wird immer größer.

Dies gilt umso mehr für die großen Herausforderungen für unsere Spezies. Während wir uns inzwischen alle bewusst darüber sind, dass wir dringend die aktuellen gesellschaftlichen, ökologischen und wirtschaftlichen Entwicklungen verändern müssen, wenn wir unseren Kindern noch vernünftige Startbedingungen sicherstellen wollen, nimmt im Kleinen wie im Großen die Zahl derjenigen zu, die die Hoffnung aufgegeben haben, dass uns dies zeitgerecht noch gelingen wird. Dies zeigt sich nicht nur an explizit zur Schau gestelltem Ignorieren der Themen, sondern auch indirekt, wenn in jedem vielversprechenden neuen Weg zunächst die verbleibenden Herausforderungen kritisiert werden.

Dabei haben wir den Schlüssel aus dieser Sackgasse in der Hand: Zum einen besitzen wir die Fähigkeit, unsere subjektive Einschätzung unserer tatsächlichen persönlichen Kontrolle aktiv zu beeinflussen. Die Logik, uns angesichts zunehmend komplexeren Wirkmechanismen als handlungsunfähig einzuschätzen, ist also nicht zwingend.

Zum anderen können wir das Filmarchiv, auf das unser Gehirn in den pessimistischen Zukunftsprognosen zugreift, durch unsere Vorstellungskraft beliebig mit optimistischeren Varianten erweitern.

Wir können uns also alternative Versionen unserer Zukunft vorstellen und uns gleichzeitig klar machen, dass in einer Welt, in der bereits kleine Impulse große Veränderungen induzieren können, auch unser eigener Einfluss auf ihre Realisierung deutlich wichtiger sein könnte als in der Vergangenheit.

Dies ist im Falle einer zunehmend unsicheren Zukunft sogar viel leichter, als es bisher war. Denn es ist gerade die Unvorhersehbarkeit dessen, was passieren wird, die die statistische Eintretenswahrscheinlichkeit für alternative Szenarien erhöht.

Unsere zunehmende Angst ist dabei nur ein archaisches Relikt aus unserer evolutionären Vergangenheit, denn sie wurzelt zunächst nur in der Unsicherheit gegenüber dem, was kommt. Während Unsicherheit bei unseren Urahnen direkt mit Gefahr verbunden war, so leitet uns heute diese direkte Assoziation zunehmend fehl. Rein logisch ist das Gegenteil der Fall: je höher die Wahrscheinlichkeit, dass die Zukunft anders ausgeht, als es unsere automatische Extrapolation der Vergangenheit suggeriert, umso höher ist die Chance für jedes bisher abwegige »Happy End«.

Wir müssen nur eine komplett neue Herangehensweise erlernen, die damit anfängt, dass wir trainieren, uns alternative und idealerweise *gewünschte* Zukünfte vorzustellen und hierdurch unserem Einfluss auf deren Realisierung wieder eine Chance geben: Imagination!

Der Erfolg entwickelt sich beim Gehen

In einer komplexen Welt ist eine der wichtigsten Lernherausforderungen, unsere bisherige Logik von einer linearen Beziehung zwischen Ursache und Wirkung zu hinterfragen. Diese kulturell tief in unser Denken verwobene Überzeugung war eine der größten Errungenschaften der Epoche der Aufklärung gegen Ende des 17. Jahrhunderts, in der die Vernunft des Menschen (Rationalität) zum wichtigsten Maßstab allen richtigen Handelns erkoren wurde und die bis heute unsere Kultur prägt.

Ganz in der Tradition dieser überragenden kulturellen Errungenschaft des Abendlandes suchen wir kontinuierlich nach dem *einen* richtigen Weg, der *einen* Entscheidung, die zwangsläufig zu einem gewünschten Ergebnis führt. Und versuchen nach dem Eintreten von überraschenden Ereignissen rückwirkend die Ursachenkette zurückzuverfolgen, die dies ausgelöst hat, um hieraus unsere Lehren zu ziehen. Dass gänzlich andere Kausalketten zu dem gleichen Ergebnis führen können, wird in der Regel vergessen, sobald die erste Logik ermittelt ist.

Dabei macht dieser lineare Logikansatz für unser heutiges Leben wenig Sinn. Unabhängig von der bereits erwähnten Tatsache, dass unsere Gehirnkapazität uns nur erlaubt, einen sehr kleinen Anteil unserer Entscheidungen komplett rational zu durchdenken, so hat sich auch unser Umfeld, das die Ergebnisse unserer Handlungen beeinflusst, seit der Aufklärung massiv verändert.

Während die Welt im 17. Jahrhundert noch sehr einfach strukturiert und der Radius für mögliche Einflussfaktoren auf das Ergebnis auch regional sehr beschränkt war, so hat sich dies grundsätzlich geändert. Inzwischen sind die Systemgrenzen für unser Leben nicht mehr das Dorf, das unmittelbare soziale Netz oder die jeweilige Regionalregierung, sondern in fast allen Lebensbereichen global reichende, eng miteinander verbundene Systeme.

Dies gilt nicht nur für die Versorgung mit Waren oder Energie, sondern auch für Information, Mobilität, Technologie oder Wirtschaft. In einem solchen, als »komplex« bezeichneten System eine einzelne Handlung zu definieren, die zu einem erwünschten Resultat führen soll, ist unmöglich, weil es viel zu viele Einflussgrößen gibt, die gleichzeitig wirken und das Ergebnis beeinflussen. Und im Nachhinein zu versuchen, die entscheidenden Faktoren zu rekonstruieren, die letztendlich die Ursachen für eine Entwicklung waren, ist zwar interessant, allerdings können wir daraus kaum verlässliche Strategien für die Zukunft herleiten, da es beim nächsten Mal ganz anders laufen kann.

Insofern ist es notwendig, sich für jedes Ziel zunächst darüber klar zu werden, dass nicht ein Weg ans gewünschte Ziel führt, sondern eine Vielzahl an möglichen Entwicklungen jeweils die idealen Startvoraussetzungen dafür bilden können, auf die wir lediglich adäquat reagieren müssen. Nicht ein guter Plan, den wir diszipliniert verfolgen, wird uns zu unseren Zielen bringen, sondern unsere mentale Flexibilität, in jeder denkbaren Entwicklung das Potential zu erkennen, uns ihnen näher zu bringen – und darauf adäquat zu reagieren.

Dabei ist allerdings die Kunst, nicht einfach davon auszugehen, dass alle Wege nach Rom führen – und sie sich nur in der Länge der

Umwege unterscheiden. Stattdessen geht es darum, in jeder extern auf uns wirkenden Veränderung die Chancen zu sehen, die sie bieten. Erst hierdurch werden die möglichen Unwägbarkeiten in der Zukunft nicht zu Bedrohungen auf unserem eingeschlagenen Weg, sondern zu Gelegenheiten.

Erst dadurch werden wir nicht mehr ständig in archaische Angstzustände versetzt, sondern können erwartungsvoll neu entstehende Entwicklungen beobachten und auf sie konstruktiv reagieren.

ÜBUNG

Skill-Mapping

Diese Übung soll dabei unterstützen, sich über die Fähigkeiten klar zu werden, die dabei helfen, auf eine möglichst große Vielzahl an denkbaren Entwicklungen adäquat zu reagieren, um sie für die eigenen Ziele zu nutzen.

Erneut ist dabei die wichtigste Kompetenz, sich neue Wege und Entwicklungen kreativ und gleichzeitig möglichst realistisch vorzustellen, um unser »Filmarchiv im Kopf« weiter auszubauen und dabei herauszuarbeiten, welche neuen Fähigkeiten hierfür hilfreich sind. Ziel ist es, die Energie, die normalerweise in den Kampf für einen bestimmten Weg geht, in agile Vielfalt zu transformieren.

Am einfachsten ist es für diese Übung, einen der Bereiche aus dem Happiness-Check aus Kapitel 4 auszuwählen, der dir besonders wichtig ist (hoher Wert in Spalte (A)), aber es dir kaum erreichbar erscheint, hier das gewünschte zu erreichen. Es kann natürlich auch jedes sonstige kleine oder große Ziel ausgewählt werden.

Auch hier gilt es nicht, sich auf ein einziges Ziel festzulegen, sondern spielerisch immer wieder mit dem Denkansatz zu experimentieren, damit wir uns schrittweise mit seiner Wirkungsweise vertraut und sie uns mittelfristig zu eigen machen.

Am besten funktioniert es, wenn man sich die Vision der gewünschten Zukunft möglichst realistisch vorstellt und in die Mitte eines großen Blattes schreibt. Von dort aus kann man in alle Richtungen immer neue Optionen aufschreiben, die sich wiederum in eine Reihe an alternativen Wegen verzweigen.

Hat man beispielsweise den Wunsch, die Welt zu bereisen, so kann man sich zunächst klar machen, dass dies privat oder beruflich erreicht werden kann.

In beiden Bereichen gibt es wiederum eine ganze Palette an Umsetzungsoptionen, die erneut die Zahl der möglichen Handlungen weiter auffächert und die man ausgehend vom zukünftigen Ziel wie Äste eines Baumes anfügen kann. So kann privat – abhängig von Budget und eigener Risikobereitschaft – das Spektrum von einem schrittweisen Erweitern des bisherigen Reiseverhaltens bis zu dem Experimentieren mit Wohnungstausch oder Mitfahrgelegenheiten reichen. Ähnlich verteilen sich beruflich die Möglichkeiten von der Erweiterung der aktuellen Aufgabe bis zu einem kompletten Job-Wechsel.

Auch für diese Abstraktionsebene gibt es wieder eine Vielzahl an denkbaren Szenarien – von der Reiseart bis zu möglichen konkreten Zielen, Stadt oder Land, Verkehrsmittel, etc., die man auf der nächsten Ebene außen ergänzen kann.

Ist der Baum möglichst vielfältig verästelt, gehst du Endpunkt für Endpunkt durch und stellst dir jeden dieser Zustände so vor, wie er sich für dich ideal anfühlen würde – sowie den Weg, der dorthin geführt hat. Dabei ist weniger Realismus gefragt, sondern eine möglichst kreative und gerne auch unkonventionelle Art, die dort hingeführt hat.

Diesen Prozess kann man auf viele Tage verteilen und jedes Szenario entweder aufschreiben, aufnehmen oder einem Partner erzählen. Wichtig ist, es mit möglichst vielen Details auszuschmücken.

Ist dies getan, gilt es, für jeden Ast *eine einzige* eigene Handlung für dein Leben festzulegen, die in deiner fiktiven Vorstellung entscheidend dazu beigetragen hat – und die Fähigkeit (»Skill«) zu identifizieren, die entscheidend war.

Ziel dieser Übung ist es, schrittweise eine Liste an Fähigkeiten zu entwickeln, die in einer schwer vorhersehbaren Zukunft die Wahrscheinlichkeit deutlich erhöht, unsere Ziele zu erreichen. Und diese Fähigkeiten dann sukzessive zu lernen und zu trainieren, damit wir sie in unserem Lebenswerkzeugkasten verfügbar haben.

Während die historische Phase der Aufklärung uns geholfen hat zu verstehen, dass unsere Handlungen Einfluss auf unsere Zukunft haben, so war sie gleichzeitig nur ein vereinfachtes Modell, das zu den überschaubar wenigen Einflussfaktoren zur damaligen Zeit passte. Inzwischen beschränkt die mit ihr gewachsene Illusion der Vorhersehbarkeit unserer Entwicklung uns zunehmend den Blick auf das Spektrum der Skills, die wir für unsere heutige Zeit benötigen, indem wir auf ihre »Planlosigkeit« adäquat reagieren können.

Denn um in einer unvorhersehbaren Welt unseren persönlichen Einfluss auf unser Leben zu erhalten, sind es nicht mehr die rationalen Fähigkeiten, mit denen wir Pläne entwerfen und im Detail ausplanen, sondern insbesondere auch ein Portfolio von emotionalen, transformativen und spirituellen Kompetenzen, die erst den wirksamen Cocktail bilden, um kontinuierlich unsere Wege beim Gehen zu bauen, damit sie uns zu der von uns gewünschten Zukunft bringen.

Neben der grundsätzlichen Fähigkeit, uns alternative Wege vorstellen zu können und das Potential zu sehen, das in jeder denkbaren Zukunft schlummert, müssen wir diese Skills dringend nachentwickeln, damit die Angst weicht und dem Glücksgefühl auf das Abenteuer Leben Platz macht.

KAPITEL 7

UM DIE ECKE DENKEN – AUF SYSTEMISCHER EBENE

Wie ein neuer Typus von Imagination zu einem neuen Typus von weltverändernden Trends führte – die sogenannten »Social Innovations«
Peter Spiegel

Der »Imaginationsrückstand« in systemrelevanten Themenfeldern, über den Rüdiger und ich bereits anhand einer Reihe von Beispielen geschrieben haben, hat offensichtlich erhebliche Folgen. Mehr noch: Die Hauptursache für unsere heutige multiple Systemkrise, in der gerade alle einzelnen Systemkrisen sich miteinander verweben zu einer gesamtsystemischen und planetaren Megasystemkrise, ist letztlich unser Mangel an systemrelevanter Imaginationsleistung.

Aber ist es wirklich so, dass wir in unserer Weltgesellschaft zu wenige Imaginationsleistungen haben, die die allgegenwärtige und allumfassende Systemkrise des Planeten Erde substanziell lösen könnten? Dem ist nicht so. Ganz im Gegenteil: Es gibt Abertausende einzelne aus Imaginationsleistungen hervorgegangene Innovationsleistungen, die in Summe längst unsere Welt (wieder) in einen Zustand zukunftsfähiger Weiterentwicklung bringen können. Auf diese besondere Innovationswelt der sogenannten *Social Innovations* komme ich gleich näher zu sprechen.

Aber ein Problem haben wir in der Tat noch: Dieser Typus von Imaginationsleistungen und die daraus längst hervorgegangenen sehr starken Innovationsleistungen sind bisher noch viel zu wenig bekannt – und wo sie bekannt sind, sind sie meist noch zu wenig verstanden in ihrer faktischen systemischen Lösungspower. Es fehlt also an der *Wahrnehmungs-Breite in der Gesellschaft* für diese Social

Innovations-Welt und an der *Imaginations-Tiefe* für deren sehr reale, handfeste und hoffnungsstiftende Bedeutung für das Gelingen unserer gewaltigen Transformationsherausforderung.

Über eine sehr reale und tiefgreifende Lösungspower von Social Innovations habe ich einiges im Kapitel 5 ausführlicher geschrieben, und zwar über Social Innovations an der tiefgreifenden und systemisch unumgänglichen Transformationsschwelle von der Wissensgesellschaft zur Kompetenzgesellschaft. Deren neue Lösungsdimension sind die Future Skills mit einem ganzen Bündel damit verbundener konkreter und wirkmächtiger Social Innovations. Hierzu möchte ich nur noch kurz anfügen, was diese spezifisch *bildungs*transformativen Social Innovations allein schon gesamtsystemisch bewirken können.

Die bereits zitierten Pioniere für bildungstransformative Social Innovations Sir Ken Robinson und Gerald Hüther beziehen sich in Statements und Publikationen immer wieder auf eine Langzeitstudie, die den Verlauf von Hochbegabtheit bei 200 ausgewählten Personen verfolgte, beginnend im Alter von 3–5 Jahren, dann in jeweils 5-Jahresabständen bis zum Alter von 25 Jahren. Als Grundlage dieser Langzeitstudie diente der Ansatz des »Divergent Thinking« nach dem Psychologen J.P. Guilford, da sich »Divergent Thinking« als

Illustration: Mey Sarah Spiegel

die entscheidende Schlüsselfähigkeit für kreative und herausragende Problemlösungen erwies. Im Deutschen wird diese als die Fähigkeit zum »um die Ecke denken« bezeichnet. Wenn diese Fähigkeit aktiv vorhanden ist, findet die betreffende Person immer schnell und zielsicher herausragend gute Lösungen für eine Aufgabe beziehungsweise eine Herausforderung. Das Ergebnis der Studie war frappierend: Im Kleinkindalter, also bei der Ersterhebung, waren 98 Prozent der Kinder hochbegabt. Mit 25 Jahren war der Anteil der »Hochbegabten« auf ganze 2 Prozent geschrumpft. Die Forschungen des Bildungs- und Kreativitätsforschers Edward de Bono, der mit »Lateral Thinking« einen ähnlichen Ansatz verfolgte, bestätigte diesen eklatanten »Hochbegabungsverschleiß«, der durch unser veraltetes und spätestens heute nicht mehr haltbares Bildungsverständnis einfach »passiert«.

Dieses Drama der Hochbegabungsreduzierung bei der überwältigenden Anzahl der Menschen wird noch immer mit der genetischen Ungleichverteilung menschlicher Spitzentalente begründet. Wer der Frage nachgehen möchte, wie unsinnig diese Annahme ist, sollte sich die Youtube-Lectures von Sir Ken Robinson zu Gemüte führen oder Gerald Hüthers Bestseller »Jedes Kind ist hochbegabt« lesen[24]. Wer die Erfahrung machen möchte, seine kindliche Hochbegabungs-Kompetenz(en) auch als Erwachsener frisch und frei wiederzufinden und zu (er)leben, der kann mit den in diesem Buch beschriebenen Denkweisen und Übungen sich auf den Weg machen und natürlich auch weitere Tools entdecken. Ein wunderbares Tool für Erwachsene in diesem Sinne ist beispielsweise Edward de Bonos Übung »7 Hats«. Nebenbei bemerkt: Fast alle Uneitlen unter den offensichtlich Hochbegabten bestätigten ihrerseits das hier Vermerkte. Albert Einstein beantwortete die tausendfach an ihn gestellte Frage nach seiner »besonderen Begabung« immer damit, dass er keine solche habe außer den allgemeinmenschlichen Begabungen und er ansonsten lediglich »leidenschaftlich neugierig« sei (und deshalb natürlich es sich immer erlaube, auch »um die Ecke« zu denken).

Warum führe ich dies so ausführlich aus? Weil zu unendlich vielen anderen systemisch überholten Denkweisen und entsprechend

24 Gerald Hüther/Uli Hauser: Jedes Kind ist hochbegabt. Die angeborenen Talente unserer Kinder und was wir aus ihnen machen. München 2012. Knaus Verlag

überholtem »Wissen« längst ebenso starke »um die Ecke« gedachte neue Denkweisen und Innovationen vorhanden sind wie zum Schlüsselthema Bildung und Lernen: die faszinierende Welt der Social Innovations, der sozialen Innovationen. Wie schon gesagt: In der Summe sind die dort geleisteten Denkwenden und Lösungskreationen nach unserer Überzeugung so stark, dass wir mit diesen den Ausweg aus der heutigen gesamtsystemischen und planetaren Krisengemengelage sehr wohl und sehr zügig hinbekommen können.

Das Geheimnis aller Social Innovations

Alle Social Innovations sind *intentionale* Innovationen. Sie alle sind aus der Intention, aus der Absicht heraus entstanden, eine derart »um die Ecke« gedachte, neuartige Lösung für eines der vielen gesellschaftlichen und ökologischen Probleme zu finden. Ihr Ziel ist jeweils, nicht nur Mini-Verbesserungen zu finden, sondern grundlegend systemische, die einen Quantensprung an Verbesserung bedeuten. Der Fokus für derartige Innovationsentwicklungen ist die »Lösung gesellschaftlicher Probleme« – daher auch der Namen »*Social* Innovations«. Ihr Antriebsmotor ist nicht, innovative Geschäftsmodelle zu entwickeln, um damit viel Geld zu machen. Gleichzeitig erkannten in dieser neuen Generation von Sozialinnovatoren glücklicherweise die meisten, dass »möglichst viel systemischen Impact« zu machen idealerweise auch damit verbunden sein sollte, sich möglichst wenig bis gar nicht abhängig zu machen von Spenden oder staatlichen oder Stiftungsgeldern. Auch in diese Richtung entstanden zahlreiche Social Innovations wie Crowdfunding, Social Impact Investing oder Social Business. Insgesamt zeichnen sich die Entwickler:innen und Betreiber:innen sozialer Innovationen durch eine weit konsequentere Werteorientierung aus, durch kreative und visionäre Haltungsveränderungen sowie durch eine unbeirrbare Imaginationsstärke.

Schauen wir uns einige Beispiele an – und lernen wir daraus zugleich, dass aus vielen Social Innovations serienweise je einzeln bereits zutiefst weltverändernde Trends bis Megatrends hervorgegangen sind:

- **Wikipedia** wurde von Jimmy Wales mit der Haltung erfunden, allen Menschen weltweit und kostenlos Zugang zum weltlexikalischen Wissen zu ermöglichen. Inzwischen arbeiten Zehntausende an diesem Projekt mit, zum großen Teil Ehrenamtliche. Das Projekt ist bis heute rein spendenfinanziert, also werbefrei. Wikipedia hat heute einen Umfang, der mehr als das 1.000-fache der größten Brockhaus-Ausgabe umfasst. Allein die deutschsprachige Ausgabe wird pro Monat mehr als eine Milliarde Mal aufgerufen. Wikipedia zählt zu den 10 größten digitalen Plattformen überhaupt und hat 5 Milliarden Nutzer (von 8 Milliarden Erdbewohnern). Kostenloser Zugang zu umfassendstem und vergleichsweise sehr aktuellem Weltwissen ist heute selbstverständliche Realität für alle. – Und aus der Social Innovation Wikipedia ging inzwischen der bahnbrechende ***»Wiki-Trend«*** hervor mit Hunderten von weiteren Anwendungsfeldern, beispielsweise *Wikidata*.

- **Design Thinking** und **Hackathons** haben die Welt der Innovationsentwicklung in relativ wenigen Jahren weltweit revolutioniert. Immer mehr der bedeutendsten Innovationen werden nicht mehr in traditionellen Forschungsabteilungen von abgeschlossenen Expertenkreisen entwickelt, sondern in bewusst besonders heterogenen und temporären Teams. Zur Haltung der Entwickler dieser und weiterer ähnlicher Social Innovations zählten neben einer deutlichen Effektivierung von Innovationsentwicklung vor allem auch, diese zu demokratisieren und insbesondere auch für *gesellschaftliche* Lösungsentwicklungen anzuwenden. Design Thinking wie auch im Modus von Hackathons zu arbeiten ist im Grunde für jeden Menschen lernbar und findet inzwischen auch in normalen Schulen immer mehr Lernbegeisterte. Die Schüler:innen wenden Design Thinking und Hackathons an, um ihrerseits in ihren Schulen Probleme wie Mobbing oder Inklusion zu lösen oder für die offensivere Nutzung von erneuerbaren Energien mit kreativen Lösungen zu sorgen. In der weltweiten Social Innovation Community sind Design Thinking und Hackathons längst fest etablierte Wege zu permanent neuen Social Innovations. – Und aus Design Thinking und Hackathons ging der nächste zutiefst weltverändernde ***Megatrend »Open Innovation«*** hervor.

- **Co-Working Spaces** greifen Methoden und Prinzipien von Design Thinking & Co. auf und verbinden dies mit der Haltung, dass Gründungswillige, Start-ups und auch traditionelle Unternehmen viel besser und effektiver arbeiten können, wenn sie sich in Co-Working Spaces jederzeit miteinander austauschen, voneinander und miteinander lernen und kooperieren und dadurch noch leichter noch innovativere Lösungen entwickeln und umsetzen können. Co-Working Spaces gab es vor einer Generation noch keine – und heute fast an jeder Ecke. Sie sind außerdem höchst effektive Brut- und Verbreitungsstätten für grundlegend neue Arbeitsweisen mit völlig neuen Arbeitsweisen auf gleicher Augenhöhe, – die zum ***Megatrend »New Work«*** gezählt werden.

- Mit der zuvor bereits angesprochenen Grameen Bank ist nicht nur die eine Social Innovation von **Micro Finance,** also den Kleinkrediten für die Ärmsten, verbunden. Die Grameen Bank gab sich bewusst die rechtliche Aufstellung als Genossenschaftsbank und machte auf dieser Grundlage deren Kreditnehmer:innen von Anfang an zugleich zu Mitinhaber:innen und zu Mitentscheidenden zu der Grundfrage, in welche weitere Geschäftsmodelle die wachsende Grameen Unternehmensfamilie investieren solle, die ihrerseits ebenfalls wertvolle Hebel aus der Armutsfalle heraus sein könnten. So entstand beispielsweise die Social Innovation von **Micro Ensurance.** Das Beispiel der Versicherung zur Studienfinanzierung der eigenen Kinder habe ich bereits erwähnt. So entstand ferner die Social Innovation von **Micro Energy. Grameen Shakti,** das Energieunternehmen für regenerative Energien, hat als erstes Unternehmen in der Welt die ländlichen Armutsregionen praktisch flächendeckend mit Solarenergie autark gemacht mit einem Geschäftsmodell, nach dem die inzwischen Abermillionen Nutzerfamilien genau jene Rückzahlung für die Solar Home Systems zahlten, wie sie zuvor für ihre schmutzigen Energieträger gezahlt hatten. So entstand mit **Grameen Telekom** eine weitere Social Innovation, die als erstes Sozialunternehmen der Welt den Ärmsten den Zugang zum Universum der Telefonie und in der Folge zum ganzen Universum der digitalen Möglichkeiten eröffnet hat. Grameen Telekom ist bereits seit längerer Zeit das größte Unternehmen überhaupt in Bangladesch und hat sehr schnell nicht nur den Ärmsten, sondern *allen* Bürgern des Landes sehr früh die Nutzung von Mobiltelefonie und sonstige digitale Dienstleistungen gebracht. Mit diesen drei bahnbrechenden effektiv die Armut überwindenden Projekten entwickelte Muhammad Yunus 2006 das generelle Konzept für die massenhafte Gründung von sogenannten **»Social Businesses« als Megatrend,** deren Gründungszweck allein die sehr kreative und sich rasch wirtschaftlich selbsttragende Lösung von der breiten Vielfalt von gesellschaftlichen Problemen ist. Inzwischen entstanden weltweit Tausende solcherart Social Businesses mit eigenen Social Business Funds. Diese neue Art von Funds speisen sich aus Investitionen von Menschen, die dafür auf jegliche Verzinsung verzichten. Da Social Businesses durch die Erfahrungen der inzwischen weltweiten Grameen Community tatsächlich in aller Regel selbsttragend wirtschaftlich funktionieren, kann das aus diesen Funds in Social Businesses investierte Geld revolvierend nicht nur einmal einem Social Business auf die Beine helfen, sondern immer neuen. Für sehr viele gesellschaftliche Aufgaben ist damit Social Business eine ungleich intelligentere und zugleich weit impactstärkere Alternative zur heute vorrangigen Finanzierung von sozialen Projekten durch Stiftungs- oder staatliche Gelder.

Wie schon erwähnt, untersuchte das WeQ Institute vor einigen Jahren eine große Anzahl von solcherart Social Innovations und identifizierte mehr als 200 je einzeln bereits weltverändernde und weltweite Trends, die aus Social Innovations hervorgegangen sind und die auf der Ebene ihrer Pionierinnen und Pionieren sich durch ein deutlich *gesamtsystemisch verantwortliches Denken und Handeln* und ein deutlich *kollaboratives statt kompetitives Denken und Handeln* auszeichnen. Bei den oben angeführten Beispielen habe ich die jeweils treibenden Haltungen benannt. Nun würde ich Sie gerne dazu einladen, sich mit folgenden sozialinnovativen Trends, die ebenfalls alle aus höchst imaginationsstarken Haltungen erwachsen sind, so weit kurz zu befassen (Google- oder Wikipedia-Recherche genügt), dass Sie an dazu Ihre Vermutung für deren *treibende Haltung* einzutragen wagen. Dies ist kein Wissenstest und es kommt auch nicht darauf an, dass Ihre Eintragungen perfekt sind. Es geht darum, dass Sie ein Gefühl dafür bekommen, welche *Haltungen* und damit verbundene Imaginationskraft und Veränderungsmacht hinter diesen sozialinnovativen neuartigen Trends stehen.

ÜBUNG

Welche Haltungen stehen hinter diesen sozialinnovativen neuen Trends bzw. Social Innovations:

Biomimicry: ....
Crowdsourcing: ....
Humble Governance: ....
Kreislaufwirtschaft: ....
Open Innovation: ....
Open Source: ....
Sharing Economy: ....
Social Impact Bonds: ....
Social Impact Investing: ....
Und noch zwei spezielle Social Innovations:
Aravind Eye Care System: ....
Buurtzorg: ....

Bitte lassen Sie sich nicht davon abschrecken, dass Sie vielleicht viele dieser Stichworte noch nicht kennen. Sie gehörten längst alle in jede schulische oder sonstige Aus- und Fortbildung, denn diese sind längst real existierende und tiefgreifend verändernde Konzepte bzw. Projekte einer nachhaltigen Zukunftsgestaltung. Sie können uns alle sehr inspirieren in dem, was es an »um die Ecke denken« bereits gibt und welche erfrischend neue Perspektiven sie uns eröffnen.

Nähere Erläuterungen zu den hier angesprochenen Social Innovations und zu WeQ-gemäßen Trends sowie weitere Beispiele

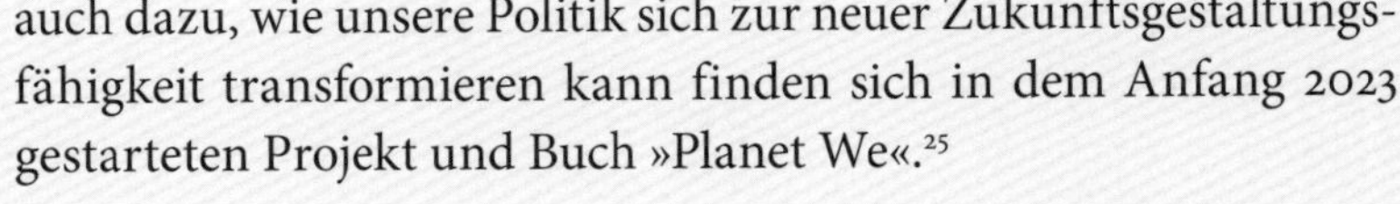

auch dazu, wie unsere Politik sich zur neuer Zukunftsgestaltungsfähigkeit transformieren kann finden sich in dem Anfang 2023 gestarteten Projekt und Buch »Planet We«.[25]

Alles Wertvolle kann auch missbraucht werden

Mit einem Messer kann man Obst mundgerecht klein schneiden und Skulpturen schnitzen oder auch Menschen umbringen. Das gilt analog für so ziemlich jegliche menschliche Erfindung und jegliche lebenspraktischen und heute vorrangig digitalen Tools. Social Media kann nicht nur sozial, sondern auch sehr asozial genutzt werden, wie wir wissen. Dies gilt natürlich auch für alle Social Innovations und WeQ Trends. Ursprünglich als Open Source entwickelte Software-Tools wurden nicht selten gekapert und missbraucht als neue Geschäftsmodelle im alten Wettbewerbs- bis Monopolisierungsmodus. Ja, die Welt ist unbestreitbar nicht nur voll mit sehr hoffnungsstarken Nutzungsweisen dieser neuen Entwicklungen, die von der Suche nach besseren Lösungen für eine viel attraktivere nachhaltige Welt beseelt waren, sondern auch voll mit missbräuchlichen Nutzungsweisen.

In pessimistischer Weltsicht könnten wir uns auf dieser Faktengrundlage mit vollständig überzeugendem Fug und Recht in Verzweiflung und Lähmung ergeben.

In posibilistischer Weltsicht können wir uns auf derselben Faktengrundlage, jedoch in Kombination mit der Sicht auf den eigentlichen Wert und die immensen Potentiale der in diesem Buch ein Stück weit aufgeschlagenen planetarisch und kollaborativ konzipierten Social Innovations und Future Skills, auf den Weg zu einer not-wendenden Welt-Mitgestaltung aufmachen. Einmal das vorbereitete Gedanken- und Tool-Material immer tiefer verstehen und immer besser nutzen.

25 Georgios Zervas / Peter Spiegel: Planet We. Wirtschaft und Weltpolitik wettbewerbsneutral gestalten. Weinheim 2023. Wiley Verlag

Und zum Zweiten offenen Auges mitschauen, mitimaginieren, mitinnovieren und mitumsetzen von Social Innovations an jenen Baustellen gesellschaftlicher Herausforderungen, an denen es offensichtlich noch deutlichen Imaginationsbedarf gibt.

Jene, die darüber hinaus auch daran interessiert sind, an der Imaginations- und dann auch Umsetzungsarbeit mitzuwirken, wie wir aus der grassierenden politischen Entscheidungs- und Steuerungsschwäche herausfinden können, möchte ich hier noch kurz auf die jüngsten Initiativen des WeQ Institutes hinweisen: Auf die »Planet We« Initiative[26] sowie auf eine bahnbrechende Erkenntnis aus der jüngsten Grundlagenforschung. Und schließlich auf die Initiative »Quantensprünge zu einer neuen Wert(e)schöpfung«, die ich auf meinem Blog peterspiegel.de vor und zur Diskussion stelle.

»Wettbewerbsneutrale Lösungen« und »Die Faltung der Welt« – Zwei Konzepte zur Überwindung der planetaren Unregierbarkeit

Es geht hier um die alles andere als geringe Frage: Wie können wir die allzu real existierende Unregierbarkeit der immer größeren Anzahl von immer existenziell bedrohlicheren und nur noch global lösbaren Probleme endlich überwinden?

Kann es auch dafür eine Art Schlüsselantwort geben, so wie es insbesondere »die zutiefst menschlichen Future Skills« sind auf die Herausforderungen der exponentiellen Veränderungsbeschleunigungen des digitalen Zeitalters – und nun noch einmal beschleunigt durch das KI-Zeitalter? Ja, es kann sie geben und es gibt sie. Die eine Schlüsselantwort sind »wettbewerbsneutrale Lösungen«, die zweite sind »Faltungslösungen«. Beide sind im Kern ein und dieselbe Lösung und beide haben dieselben Schlüsselmerkmale: sie sind verblüffend einfach und verblüffend wirksam.

Auf das Konzept der wettbewerbsneutralen Lösungen kam der Stuttgarter Unternehmer Huschmand Sabet. Er studierte Elektrotechnik, Philosophie und Vergleichende Religionswissenschaft,

26 Mehr dazu unter www.planetwe.net

übernahm dann aber die Leitung des väterlichen Unternehmens und baute dieses aus bis zum Weltmarktführer im Handel handgeknüpfter Teppiche, dessen Kunsthandwerk lange Zeit weltweit höchste Wertschätzung fand. Als einige Manufakturen damit begannen, ausbeuterische Kinderarbeit einzusetzen und dies dann auch von Hilfswerken zurecht als schwerste Menschenrechtsverletzung attackieren, suchte Sabet nach einer Lösung, mit der weltweit die Ursachen der Kinderarbeit nicht nur in diesem Wirtschaftszweig beseitigt werden könnte.

Er schlug vor, dass zunächst die Europäische Union, später dann die Vereinten Nationen, eine Entwicklungsabgabe einführen sollte, mit der die nachhaltig gesicherte und vollständige Ursachenbeseitigung finanziert werden kann, und rechnete vor, dass dafür eine 2-prozentige Abgabe, die zusätzlich zur 19-prozentigen Mehrwertsteuer erhoben werden sollte, völlig ausreichend wäre, um alle notwendigen Maßnahmen, die dann Hilfswerke und Sozialunternehmen jener Art wie Grameen umsetzen, dauerhaft und bestens zu finanzieren. Er organisierte dann die bisher vermutlich ungewöhnlichste Lobbyarbeit bei der EU für die Einführung einer solchen Entwicklungsabgabe, indem er notarielle Erklärungen der führenden europäischen Teppichhändler einsammelte, dass diese diesen Vorschlag vollumfänglich unterstützen.

Sein Hauptargument für diesen Vorschlag war, dass die Einführung einer solchen »Terra-Tax«, wie er sie nannte, in dem Augenblick *wettbewerbsneutral* sei, wenn die EU-weit sie für alle entsprechenden Importe einführt, wenn die EU sie für alle entsprechenden Importe einführt. Sie trifft dann alle Unternehmen in gleicher Weise und wäre damit für absolut kein Unternehmen ein Problem. Wettbewerbsneutrale Lösungen wurden ab Mitte der 1990er Jahre als »Terra-Prinzip« bekannt und von Menschenrechtsaktivisten bis Wirtschaftsführern und Nobelpreisträgern gefeiert. Lothar Späth, ehemaliger Ministerpräsident und später Unternehmensführer von Jenoptik, meinte: »Dies ist der Einstieg in eine weltweite ökosoziale Marktwirtschaft und die sozialpolitische Flankierung einer globalisierten Marktwirtschaft, die längst überfällig ist, aber (tragischerweise) noch nicht stattgefunden hat.« Und der Gründer des Thinktanks Club of Budapest, Ervin Laszlo, schrieb: »Das Terra-Prinzip zeigt, dass jene

Überlegungen, die bisher ein positives Handeln in Bezug auf globale zukunftsfähige ökosoziale Rahmenbedingungen blockieren, keine unbedingte Gültigkeit mehr besitzen. Das Terra-Prinzip hebt derartige Ausflüchte eindeutig auf.«

Da ich die Freude hatte, Huschmand Sabet schon sehr frühzeitig kennengelernt zu haben, bat er mich, bei diesem Projekt aktiv mitzuwirken und dieses mit weiteren Beispielen für konkrete wettbewerbsneutrale Lösungen fortzuführen. Gemeinsam mit Georgios Zervas entwickelten wir dann 2016 das Konzept für die weltweite Einführung einer wettbewerbsneutralen globalen Lohnuntergrenze von damals 1 Dollar pro Stunde (2024 wären dies dann 1,25 Dollar), womit ausbeuterische Arbeit sofort beseitigt werden könnte und zugleich die Hauptursachen für Massen-Migration und vielem mehr systemisch überwunden werden könnten. Der Preis für uns in den reichen Ländern: Eine Jeans, die bei uns im Laden 69 Euro kostet, würde sich um ganz 0,30 Euro verteuern. Für 1,2 Milliarden Menschen, die heute unter der absoluten Armutsgrenze von 2,15 Dollar *pro Tag* an Einkommen liegen, würde ein Stundenlohn von 1,25 Dollar jedoch ein soziales Wirtschaftswunder bedeuten – mit sehr vielen positiven Effekten für die Menschheit insgesamt und gerade und nicht zuletzt auch für uns.[27]

2022 entschieden Georgios Zervas und ich dann, das Prinzip wettbewerbsneutraler Lösungen einmal grundsätzlich aufzuarbeiten für eine ganze Serie von jenen globalen Herausforderungen, die wir offensichtlich mit unseren bisherigen Konzepten nicht ernsthaft lösen können. Die wachsende Unzufriedenheit in inzwischen *allen* Ländern der Welt gab den letzten Anstoß hierfür. Neben den bereits erwähnten wettbewerbsneutralen Lösungskonzepten haben wir in unserem 2023 erschienenen Buch »Planet We – Wirtschaft und Weltpolitik wettbewerbsneutral gestalten« und der zeitgleich gestarteten »Planet We« Initiative noch folgende wettbewerbsneutrale Lösungen ausgeführt:

27 Dies ist ausführlich ausgeführt in: Georgios Zervas / Peter Spiegel: Die 1-Dollar Revolution. Globaler Mindestlohn gegen Ausbeutung und Armut. 2016. Piper Verlag

- Ein globales dreistufiges Zertifizierungssystem, das in drei Umsetzungsqualitäten alle wichtigen sozialen und ökologischen Standards integriert und staffelt – und dadurch endlich für eine echte überschaubare Transparenz sorgt

- Ein dreistufiges Konsumsteuersystem, gestaffelt nach dem dreistufigen Zertifizierungssystem, das damit die wahren sozialen und ökologischen Kosten transparent und in der Konsumsteuerstufe »sichtbar« macht

- Eine wettbewerbsneutrale globale Steuerangleichung, verbunden mit festgelegten Spielräumen für die Festsetzung von Regionalsteuern

- Eine Weltidentität fördern im Sinne unseres Welt-Bürge-Seins

- Eine »Earth Life Organization« als neue UN-Organisation etablieren für die Ausarbeitung und Durchsetzung der »Rechte der Natur«

- Eine angemessene und eigenständige Steuer für die Vereinten Nationen und deren Organisationen, Aktivitäten und Ziele (wie die Sustainable Development Goals), um wettbewerbsneutrale Handlungsfähigkeit sicherzustellen

Der letztgenannte Punkt wurde in einem ersten weiteren »Planet We Report« unter dem Titel »Die planetare Unregierbarkeit jetzt überwinden«[28] Anfang 2024 weiter konkretisiert. Um für die beiden wichtigsten Ziele der Vereinten Nationen – Friedenssicherung und globale ökosoziale Gerechtigkeit – endlich den Durchbruch zu einer tiefgreifend neuen Qualität von Handlungsfähigkeit auf planetarer Ebene zu erreichen, schlagen die beiden Autoren die Einrichtung eines eigenen UN-Welt-Friedensministeriums vor in deutlicher Weiterentwicklung und Neukonzeption des bisherigen Sicherheitsrats

28 Georgios Zervas / Claudio Weiss: Die planetare Unregierbarkeit *jetzt* überwinden. Eine Einladung zu einer UNO 2.0. 2024. WeQ Institute Horizonte

sowie die Einrichtung eines eigenen UN-Welt-Handelsministeriums in deutlicher Neukonzeption der Welthandelsorganisation.

Es würde zu weit führen, alle diese Vorschläge von entsprechenden wettbewerbsneutralen Konzeptionen hier näher zu erläutern. Es macht jedoch sehr viel Sinn, dass wir möglichst breit aufgestellt eine öffentliche Diskussion darüber führen, wie wir wettbewerbsneutrale Lösungen vordenken und umsetzen können durch planetar verantwortungsvolle und demokratisch und kollaborativ arbeitende Einrichtungen mit planetarer Handlungsfähigkeit und Wirkungsfähigkeit.

Dass ein solcher Schritt uns keineswegs zu in eine überbordende und übergriffige Welt-Bürokratie führen müsste, das belegt und veranschaulicht das Konzept der »Faltungslösungen« von Anders Levermann, einem der international renommiertesten Klimaforscher. Er stellte dies 2023 erstmals vor in seiner Publikation »Die Faltung der Welt«[29]. Sein Konzept führt vielmehr – im besten Sinne von Social Innovations und von wettbewerbsneutralen Lösungen – zu einer erheblichen Entschlackung von Bürokratie und grundlegender Umsteuerung weg von politischem Dirigismus, wie wir gleich sehen werden.

Levermann ist Physiker und Professor für die Dynamik des Klimasystems an der Universität Potsdam und Leiter der Abteilung Komplexitätsforschung am Potsdam-Institut für Klimafolgenforschung. Seit langer Zeit gehört er zum Kernkreis der Berichterstatter für das IPCC, der Einrichtung der Vereinten Nationen, die die globalen Bemühungen um klimagerechte Lösungen fortlaufend mit den notwendigen wissenschaftlichen Forschungen begleitet und voranbringt. Für diese Aufgabe muss er immer bestens alle neuen Forschungen im Auge haben, mit denen wir immer besser begreifen können, wie die grundlegenden systemischen Zusammenspiele in unserem Universum und insbesondere Evolution funktionieren.

Als »Faltung« beziehungsweise »Faltungs-Lösung« beschreibt er die Erkenntnis der Chaostheorie, nach der es in jedem endlichen Raum dennoch unendliche Bewegungsoptionen gibt, und zwar durch

---

29 Anders Levermann: Die Faltung der Welt. Wie Wissenschaft helfen kann, dem Wachstumsdilemma und der Klimakrise zu entkommen. 2023. Ullstein Verlag

das Phänomen, das die Physik als »Faltung« bezeichnet. Damit ist nichts anderes gemeint als dies: Wenn in einem komplexen System in einem endlichen Raum (wie es beispielsweise das Ökosystem Erde darstellt) eine Entwicklungsbewegung Richtung Katastrophe, Explosion, Zerstörung führt, bietet der endliche Raum praktisch unendlich viele Möglichkeiten, die Bewegung in einer andere, neue, nicht-bedrohliche Richtung zu »falten«. Und nach einer durch eine »Faltung« bewirkte Richtungsänderung entfaltet sich immer eine grandiose neue Vielfalt an Entfaltungsmöglichkeiten. Wir brauchen Artenvielfalt und viele andere Formen von Vielfalt, um mit Komplexität und exponentiellen Fehlentwickungen umgehen zu können. Und wir brauchen viel mehr Kollaboration anstatt Kompetition. Knappe Ressourcen der Erde können wir am besten »mit dem Überfluss menschlicher Potenziale begegnen«, so empfehlen beispielsweise auch Arndt Pechstein und Martin Schwemmle.

Auf einem endlichen Planeten kann es zwar keinen unendlichen Ressourcenverbrauch geben. Aber wenn wir dem Rechnung tragen und beispielsweise ein klares Enddatum fixieren, bis wann absolut null weitere CO_2-Emission erlaubt sein werden und beispielsweise bis zu diesem Datum die CO_2-Bepreisung etappenweise und faktisch exponentiell angehoben werden, dann wird dieser Pfad des Ressourcenverbrauchs geschlossen – und unwillkürlich sucht das System, in diesem Fall die Menschheit mit ihrer Forschung und Wirtschaft und Bürgerschaft, neue kreative Lösungen und Wege. Dies ist sozusagen »systemimmanent«. Unendliche Weiterentwicklung von wirtschaftlichem Wachstum ist mit dem Pfad unendlichen Ressourcenverbrauch unmöglich – wird aber mit einer passenden Faltung an dieser Stelle sehr wohl wieder möglich, wenn auch eben anders als zuvor und vielleicht auch mit weniger materieller Wohlstandsorientierung, dafür mit deutlich mehr und ganzheitlicherer Wohlergehensorientierung.

Interessant ist Levermanns Schlussfolgerung aus dieser Systemimmanenz: Er widerspricht der Notwendigkeit, dass Politik viele Detailvorgaben machen müsste, damit das Null-CO_2-Ziel auch wirklich erreicht werden kann und wird. Er sieht dies vielmehr als einen völlig kontraproduktiven Weg. Wenn Ziel (Reduzierung auf Null-CO_2-Ausstoß), Datum und Maßnahme (schrittweise bis in Exorbitante steigende CO_2-Preise) klar sind, werden Wissenschaft, Wirtschaft,

Gesellschaft gemeinsam die not-wendige Kreativität und Geschwindigkeit leisten. Die politische Führung, Handlungsfähigkeit und Handlungsqualität ist mit diesem Vorgehen am besten geleistet.

Levermann führt in seinem Buch dankenswerterweise einige weitere Beispiele für hoch dynamische und gefährliche exponentielle Fehlentwicklungen an, die ohne passende »Faltungen« unweigerlich in Zusammenbruch, Zerstörung, Katastrophe etc. führen. Er bezieht sich auf ebenfalls »notwendige Faltungen« bei der im Augenblick ebenfalls bereits exponentiell explodierend vereinseitigenden Geldanhäufung oder entsprechender Exponentialität von Unternehmensmachtballungen oder politischen Einflussmöglichkeiten.

Die Zukunft sehen lernen – mit problemlösend imaginärem Blick – das ist auf allen Ebenen die Herausforderung und Aufgabe, vor der wir stehen. Rüdiger übernimmt hier wieder diesen Part. Solange wir die Welt vorrangig mit der Methode von Analyse (wörtlich: zerlegen) verstehen wollen, werden wir sie grundsätzlich nur bruchstückhaft verstehen und unumgänglich Bruchstellen als Nebenwirkungen generieren. Sobald wir lernen, sie mit dem Wahrnehmen ihrer Synthesen (wörtlich: zusammenwirken) zu verstehen, werden wir uns einklinken in einen nachhaltigen und zugleich unvergleichlich kreativeren Umgang mit ihr. Oder, wie es Russel Ackoff formulierte: »Ein System ist niemals die Summe seiner Teile, sondern das Produkt ihrer Interaktion.«

KAPITEL 8

DIE ZUKUNFT ERKENNEN LERNEN

Zahlenbilder finden und verbinden
Rüdiger Fox

Eine meiner Lieblingsbeschäftigungen als Kind waren Zahlenbilder: durchnummerierte Punkte auf weißem Papier. Erst wenn man die Punkte in der richtigen Reihenfolge verbunden hatte, entstand daraus ein klares und detailliertes Bild.

Anders als manche Eltern meinen, ist das Faszinierende an der Bewältigung dieser ersten kindlichen Lernübungen aber nicht die Fähigkeit, die Zahlenreihen zu kennen, um die Punkte richtig miteinander zu verbinden. Das kann man schrittweise lernen – und die Zahlenfolge zu wissen hilft sicherlich dabei, sich auf die Erwachsenenwelt vorzubereiten.

Viel beeindruckender ist, dass wir alle bereits im jungen Alter die Fähigkeit besitzen, aus den einzelnen Punkten ohne Nachdenken beziehungsweise ohne die Linien bereits verbunden zu haben, schemenhaft erkennen zu können, worum es sich bei dem Bild am Ende handelt. Und dies, bevor wir überhaupt die Zahlenreihen kennen. Diese Fähigkeit der Mustererkennung, mit der wir aus einzelnen Punkten ohne große Mühen ein Gesamtbild erzeugen, ist uns angeboren und eine der größten Leistungen unseres Gehirns.

Und diese Fähigkeit funktioniert nicht nur für optische Reize, sondern auch für jede Form von abstrakten Informationen: aus punktuellen Informationen konstruieren wir eine Gesamtgeschichte. Um mit Situationen umgehen zu können, bei denen wir nicht alles Wissen, ist unser Gehirn kontinuierlich dabei, sich aus einzelnen Reizen ein Gesamtbild oder eine vollständige Geschichte zu bauen.

Unser gesamtes Erinnerungsvermögen ist analog strukturiert: Während wir leicht den Eindruck haben können, über unendlich viel Speicherkapazität zwischen unseren Ohren in Form unseres Gedächtnisses zu verfügen, weil wir uns an so viel aus unserer Vergangenheit erinnern können, hat die Natur einen einfachen Taschenspieler-Trick entwickelt, um diese Illusion zu erzeugen, ohne dass der begrenzte Speicher unnötig blockiert wird.

In der Realität besteht nämlich jede Form von Erinnerung bei uns Menschen aus zwei Teilen: einer kleinen Anzahl an echten Ankerpunkten, die wir uns merken müssen, weil sie essentiell sind und dann ein Portfolio an Standardgeschichten, die wir mit den Punkten verbinden, um hieraus einen Erinnerungsfilm zu erzeugen, die wir aber immer wieder in einer Vielzahl an Kontexten einsetzen können. Alles, was ungefähr so geschieht, wie wir es sowieso erwarten, müssen wir uns so nicht jedes Mal neu merken – wir können es jederzeit als Standardfilm abrufen. Das eigentlich Erlebte wird reduziert auf wenige für uns essentielle Fakten, die gespeichert werden. Der standardisierbare Rest wird aus dem Archiv genutzt und muss nicht jedes Mal neuen Speicherplatz belegen.

Der gemeinsam erlebte einzigartige Sonnenuntergang über dem Meer am Strand mit einem geliebten Menschen, von dem wir glauben ihn in seiner Einzigartigkeit nie vergessen zu können, benötigt nur wenige wichtige Ankerpunkte, weil Sonnenuntergang, Meer, Strand und angenehme Emotionen aus unserer Standardbibliothek ergänzt werden können, um hieraus später jederzeit einen Dokumentarfilm über den »unvergesslichen« Abend zu erzeugen.

Dies erklärt auch, warum wir uns oft unterschiedlich an die Vergangenheit erinnern, als dies Menschen tun, die uns in genau dieser Situation begleitet haben: aufgrund der unterschiedlichen Vergangenheitserfahrung verbinden sie die gemeinsamen Ankerpunkte mit ihren eigenen individuellen Standardgeschichten, die sich von den unseren unterscheiden.

Und nicht nur unsere Vergangenheit funktioniert so, sondern auch unser kognitiver Zukunftssimulator: Standardisierte Bilder und Story-Elemente, die aus unserer Vergangenheitsbibliothek zu passen scheinen, werden auf die extrapolierten Ankerpunkte projiziert und bilden gemeinsam unsere Zukunftserwartung. Und sie ist, da sie von unserem eigenen Archiv gespeist und ausgeschmückt wird, auch extrem überzeugend für uns selbst.

Allerdings gibt es (wie beim Malen nach Zahlen) eine Einschränkung: Wir können nur Formen erkennen, die wir vorher schon einmal als Bilder gesehen haben. Dies gilt genauso für konkrete Formen wie für abstrakte Situationen.

Zum Verbinden der Punkte brauchen wir Bilder

Insofern bemüht sich die natürliche Verdrahtung unseres Gehirns kontinuierlich, uns Bilder oder Geschichten aus Einzelreizen in unserer aktuellen Umwelt zu generieren, die unseren Vergangenheitserfahrungen entstammen. Selektive Beobachtungselemente werden so zu ganzheitlichen Geschichten, die stark durch das bisher Bekannte beeinflusst sind.

Dies ist sehr hilfreich in einer Zeit, in der sich unsere Umwelt kaum verändert, denn bereits wenige Teilinformationen lassen uns das größere Bild erkennen und hieraus zuvor erfolgreich erprobte Handlungsmechanismen reaktivieren.

Doch was passiert in einer Welt, in der sich zunehmend dynamischer alles um uns herum verändert, in der ständig neue Punkte entstehen, von denen viele tatsächlich echte Abweichungen vom Gewohnten sind. Dann versucht unser Gehirn krampfhaft, darin die alten Bilder wiederzufinden, die es kennt. Uns dies sogar bis zu einem Maß, an dem wir Informationen, die nicht dazu passen, einfach ausblenden.

Anstatt neue Muster zu erkennen, verfälschen wir unbewusst die Realität und versuchen sie passend zum Bisherigen zu machen, indem wir das Neue ignorieren und das bisher Bekannte stabilisieren. Und dies nicht in einem bewussten Prozess, sondern für uns unbewusst als Kernkompetenz unseres Autopiloten.

Die Tatsache, dass wir eigentlich längst unübersehbare globale Veränderungen bis zum letzten Moment leugnen, ist also keinesfalls auf mangelnde Intelligenz oder Sturheit Einzelner zurückzuführen, sondern schlichtweg auf ein bei uns allen überwiegend aus unserer Vergangenheit gefüttertes Bildarchiv.

Veränderungen zeigen sich allerdings zunächst nur in einer beschränkten Zahl an neuen Einzelereignissen, die sich zunächst schwer zuordnen lassen. Denn anders als bei Zahlenbildern sind die Punkte in unserer Welt nicht durchnummeriert. Daher können wir nicht einfach anfangen, sie in der richtigen Reihenfolge zu verbinden, um daraus neue Bilder entstehen zu lassen. Ohne zuvor ein neues Bild davon im Kopf zu haben, wo es hinführen soll, wird es sehr lange dauern, bis wir sie erkennen. Der einzige Weg, diese evolutionäre Betriebsblindheit zu durchbrechen, ist, neue und durchaus auch widersprüchliche Informationen und Bilder in unserem Archiv abzulegen.

Wenn wir also Chancen und Möglichkeiten für eine alternative Zukunft erkennen wollen, die von der klassischen linearen Fortsetzung unserer aktuellen Situation abweicht, müssen wir unser gewohntes Denken genau umkehren: Zuerst müssen wir durch unsere Vorstellungskraft aktiv bei uns im Kopf neue Bilder erschaffen, damit diese die Möglichkeit erst entstehen lassen, dass wir die Konturen von etwas Neuem überhaupt erkennen können, wenn es sich punktuell ankündigt.

Zukunftsfähigkeit ist eine Entscheidung

Es gibt nur zwei Möglichkeiten, um Veränderungen zu erkennen: Wir warten so lange, bis sie bereits so deutlich sichtbar sind, dass keines unserer Vergangenheitsbilder mehr hierzu passt. Dann entsteht eine Irritation, die unseren Frontallappen aktiviert und ihn herausfordert, das Neue analytisch zu betrachten. Doch bis unser Autopilot aufgibt und die weiße Fahne hebt, muss der Prozess der Veränderung bereits sehr weit fortgeschritten sein – und wir haben wertvolle Zeit verloren, hierauf zu reagieren.

Dies ist nicht nur kritisch für uns selbst, da wir unvorbereitet auf einen schon sehr weit fortgeschrittenen Prozess treffen. Sondern es führt auch kollektiv dazu, dass wir überfällige Veränderungen verzögern, weil unsere gemeinsamen gesellschaftlichen Gewohnheiten hierzu im Widerstand stehen.

Alternativ müssen wir versuchen, uns immer wieder – idealerweise gewünschte – Varianten des bisher Gewohnten vorzustellen, so unwahrscheinlich uns ihre Realisierung auch zunächst erscheinen mag. Dann stehen sie uns als erkennbare Optionen bereits zur Verfügung, wenn ein kontinuierlicher Veränderungsprozess noch in den Kinderschuhen steckt. Und es wird bereits vorstellbar, wenn anfänglich – vielfach aus Zufall – neue Möglichkeiten auftauchen. Alleine für sich genommen lösen diese noch keine Veränderung aus, aber wenn immer mehr Menschen in ihnen die Chancen erkennen, können sie eine neue Bewegung initiieren.

Während die uns umgebende Welt unbestreitbar an Dynamik zugenommen hat und gleichzeitig komplett neue Ansätze erforderlich sind, um die hieraus resultierenden Herausforderungen individuell ebenso wie kollektiv zu bewältigen, so ist es am Ende schlichtweg unsere persönliche Entscheidung, wie wir darauf reagieren wollen: Indem wir uns so lange wie möglich von unserem bisherigen Autopiloten vorgaukeln lassen, dass es immer noch ausreichend Lebensbereiche gibt, in denen wir so weitermachen können, wie wir es gelernt haben. Oder indem wir uns aktiv dafür entscheiden, den Veränderungen mit einer immer umfangreicheren Bibliothek an vorstellbaren neuen Möglichkeiten zu begegnen.

Der Schlüssel zu letzterem ist unsere Imaginationskompetenz, mit der wir dieses Archiv im Kopf mit immer neuen Erfahrungen anreichern können, ohne sie bereits erlebt zu haben – damit sie zur Verfügung stehen, wenn wir sie brauchen.

Ob es die Social Innovations sind, die bereits deutliche Konturen haben, auch wenn ihr Anteil am globalen Wirtschaftssystem noch verschwindend gering ist, oder Veränderungen in unserem unmittelbaren persönlichen Umfeld: die konkreten Vorstellungen im Kopf, wie sie zu neuen Lösungen beitragen, helfen, die Punkte miteinander zu verbinden, damit das Neue den Platz bekommt, sich zu entwickeln. Hierfür müssen wir uns das Neue als realistische Möglichkeit vorstellen lernen, weil wir sonst darin nicht die Gesamtentwicklung erkennen können.

Unsere Reaktion auf zunehmende Veränderungen ist eine Perspektivfrage, auf die erst in der Zukunft eine Antwort gefunden werden kann, weil das Neue immer auch neue Herausforderungen mitbringen wird, für die es aktuell noch keinen Lösungsfilm in unserem Archiv gibt.

Man kann dieses Phänomen gut an der Diskussion um die Elektromobilität beobachten. Denn häufig wird von ihren Gegnern die noch nicht abschließend geklärte Entsorgungsfrage für Batterien, die Arbeitsbedingungen beim Schürfen von Seltenen Erden oder die begrenzte Reichweite als Gegenargument ins Feld geführt. Alles aktuell noch berechtigte Bedenken, für die Antworten noch gefunden werden müssen – allerdings wird übersehen, dass das Festhalten an Verbrennungsmotoren für fossile Brennstoffe gar keine Lösung anbietet, wie wir die globale Erwärmung ausbremsen können.

Für diejenigen Leser, die an dieser Stelle noch die Stirn runzeln und nicht davon überzeugt sind, dass wir unbedingt neue Lösungen brauchen, weil die bewährten Wege eigentlich noch gut funktionieren, ist es vielleicht hilfreich, nicht nur auf einen einzigen Aspekt zu schauen, sondern mehrere miteinander zu kombinieren. Denn faktisch sind wir aktuell nicht nur mit einer einzigen Veränderung konfrontiert, sondern mit einem umfangreichen Portfolio, das vor kaum einem Lebensaspekt halt macht.

So war die Corona-Pandemie nicht nur eine gesundheitliche Herausforderung für viele, sondern hat zu neuen Trends in der zunehmend mobilen Arbeitswelt geführt, hat die Robustheit familiärer Strukturen maximal gefordert, die Lernwelt bleibend verändert und unser Vertrauen in Begegnungen mit anderen Menschen verändert.

Wer verstehen will, wie stark dies bereits für die Wirtschaft gilt, der sei hier eingeladen, einmal die Website des World Economic Forums zu besuchen. Diese Stiftung, die von ihren rund 1.000 Mitgliedsunternehmen – typischerweise globale Unternehmen mit einem Umsatz von mehr als fünf Milliarden US-Dollar – sowie durch öffentliche Zuschüsse finanziert wird, kann als »Think Tank« ihrer Mitglieder, international führende Wirtschaftsexperten, Politiker, Wissenschaftler, gesellschaftliche Akteure und Journalisten zu aktuellen globalen Fragen angesehen werden.

Vor einigen Jahren hat das WEF begonnen, unter dem ambitiösen Titel »4. Industrielle Revolution« sogenannte Transformation Maps zu den unterschiedlichsten Industrien und Themen zu publizieren – Grafiken, die die zunehmend komplexeren Abhängigkeiten von anderen globalen Faktoren aufzeigen. Bei ihrer Betrachtung wird deutlich, dass jede wirtschaftliche Strategie bereits in direkter Beziehung mit einer ganzen Reihe an globalen Veränderungen gesehen werden muss – und in zweiter Reihe mit Dutzenden Faktoren, die über ihren Erfolg oder Misserfolg mitentscheiden.

Auch wenn es bei vielen individuellen Lebensplänen vielleicht nicht ganz so umfangreich ist, so wird bei näherem Hinschauen klar, dass keine Lebensentscheidung mehr unabhängig getroffen werden kann.

Und auch gesellschaftliche Entwicklungen im unmittelbaren sozialen Umfeld sind nicht mehr unabhängig von einer Vielzahl an externen Einflüssen, die noch vor wenigen Jahrzehnten unbedeutend waren.

Die Desillusionierung des scheinbar Bekannten

Bei diesem sogenannten »System Mapping« identifiziert man zunächst die Hauptkomponenten, die auf eine Entwicklung Einfluss haben, und visualisiert ihren verstärkenden oder verhindernden Einfluss auf das Ergebnis beziehungsweise ihre Interaktionen miteinander. Dann geht man noch mindestens eine Ebene darunter und schaut auch dort, welche Faktoren hier Veränderungen induzieren können.

Hierbei geht es weder darum, die eine wichtigste Einzelkomponente präzise zu identifizieren, auf die man sich wie bisher dann fokussiert, noch darum, alle möglichen denkbaren Faktoren zu finden, sondern zunächst zu lernen, die Zukunft nicht nur zu sehen, sondern auch zu erkennen, um dann ein wirksames Set an relevanten Faktoren zu finden, die in ihrer Kombination die Eintretenswahrscheinlichkeit einer gewünschten Entwicklung erhöhen.

Betrachtet man dann nicht nur einen Einflussfaktor, sondern mehrere von ihnen, so wird schnell klar, dass die Wahrscheinlichkeit mit der Anzahl an möglichen Veränderungsbereichen und damit die Notwendigkeit für neue Lösungen exponentiell steigt.

ÜBUNG

Kombinierte Unwahrscheinlichkeit

Für diese Übung wählt man zunächst zwei miteinander in gewisser Weise verbundene Annahmen aus unserem bisherigen Erfahrungsspektrum, von denen wir noch in einem hohen Grad überzeugt sind – und beschreibt zu beiden das jeweilige Gegenteil.

Dann schätzt man für beide Annahmen subjektiv die Wahrscheinlichkeit ein, mit der sie gültig bleiben.

Dies könnte beispielsweise sein:

- *Standardannahme 1: »Die globale Erwärmung wird keinen wesentlichen Einfluss auf meine klimatischen Lebensumstände haben« – Wahrscheinlichkeit x1: 65 %*
- *Alternativszenario 1: »Wetterextreme wie Stürme und Hitzeperioden werden zeitnah zunehmen und Schäden anrichten«*
- *Standardannahme 2: »Individuelle Mobilität darf der Staat nicht einschränken« – Wahrscheinlichkeit y1: 55 %*
- *Alternativszenario 2: »Notmaßnahmen werden unvermeidlich, um den Klimawandel zu bremsen«*

Zeichnet man dann ein zweidimensionales Koordinatensystem mit einer x- und einer y-Achse auf, die sich in der Mitte im rechten Winkel kreuzen, so kann man die Annahmen und Alternativszenario sowie die selbst eingeschätzten Wahrscheinlichkeiten auftragen:

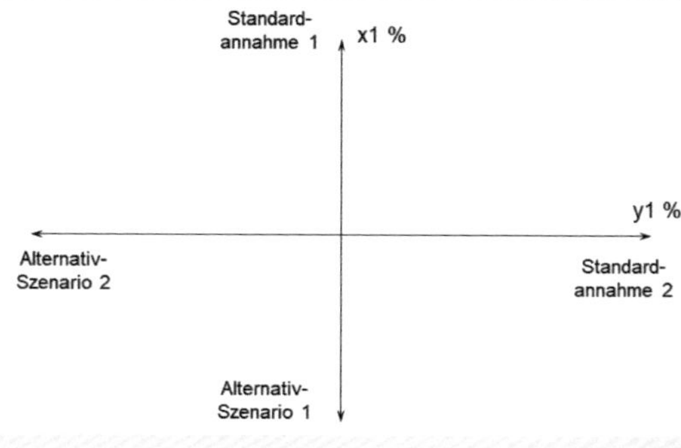

Jetzt folgt ein wenig Prozentrechnung – leicht mit einem Taschenrechner zu bewältigen:

- Die Wahrscheinlichkeiten für die Alternativ-Szenarien ergeben sich direkt aus den verbleibenden Prozentwerten der Standardannahmen:
  - $x2 = 100\,\% - x1$
  - $y2 = 100\,\% - y1$

Die vier durch das Koordinatensystem gebildeten Quadranten bilden jeweils eine Kombination von jeder Annahme bzw. Szenario 1 mit einer Annahme bzw. Szenario 2. Während man oben rechts die Annahme findet, dass alles »bleibt so wie es (immer) war«, so bilden die drei anderen Quadranten mögliche Entwicklungen, für die wir in der Regel keine Filmsequenzen in unserem Erfahrungsarchiv haben. Zumindest eine der Annahmen entspricht einer Entwicklung, die uns zunächst als unwahrscheinlich erscheint – weil wir sie noch nicht erlebt haben. Unten links haben wir sogar für beide Annahmen keine Historie.

Die Eintretenswahrscheinlichkeiten der Möglichkeiten ergeben sich aus der Multiplikation der jeweiligen x- mit den y-Werten.

Diese Werte kann man im Koordinatensystem ergänzen:

Im obigen Beispiel ergeben sich hierfür folgende Werte:

- *»Bleibt-so-wie-es-war«: 65 % × 55 % = 36 %*
- *Möglichkeit 1: 65 % × 45 % = 29 %*

- *Möglichkeit 2:* 35 % × 45 % = 16 %
- *Möglichkeit 3:* 35 % × 55 % = 19 %

Als Gesamtbild sähe es dann so aus:

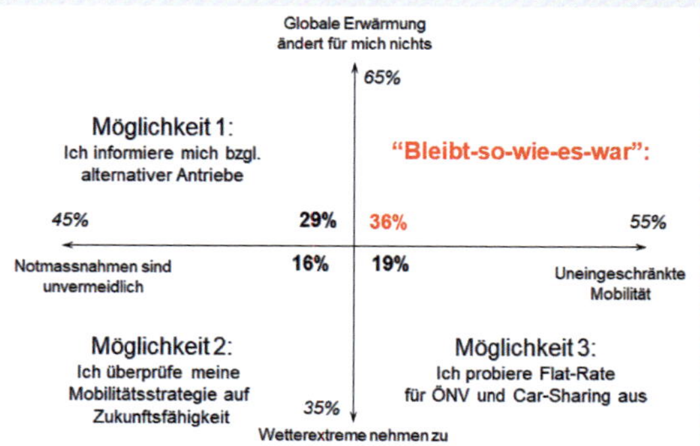

Während man sich auf den ersten Blick bestätigt fühlen könnte, dass das »Bleibt-so-wie-es-war«-Szenario mit 36 % subjektiv eingeschätzter Eintretenswahrscheinlichkeit am Ende weiterhin das Wahrscheinlichste ist, so sollte auffallen, dass es deutlich wahrscheinlicher geworden ist, dass zumindest eine der anderen Möglichkeiten eintritt. Verstärkend kommt hinzu, dass wir, wie zuvor beschrieben, natürlich auch oft bereits in unserer Einschätzung das bisher bekannte bevorzugen und daher überschätzen.

Würde man noch einen dritten Faktor hinzunehmen, so würde sich dieser Effekt weiter verstärken, so dass man in der Regel spätestens ab dieser Kombination mit mehr als 60 % Wahrscheinlichkeit damit rechnen muss, dass eine Veränderung eintreten wird, für die unser Autopilot nicht vorbereitet ist – auch wenn er mit aller Kraft versuchen wird, uns das Gegenteil vorzugaukeln.

Ziel dieser Übung ist es, dass uns bewusst wird, dass mit einer zunehmenden Zahl an möglichen Veränderungen die Wahrscheinlichkeit steigt, dass einige von ihnen eintreten werden und somit das Risiko rapide steigt, dass eine Zukunftsentwicklung voranschreitet, die wir zunächst nicht wahrnehmen und auf die wir nicht durch unsere Vergangenheit vorbereitet worden sind.

Bunte Schwäne im Kopf

Zu Anfang dieses Jahrhunderts führte der Finanzmathematiker Nassim Nicholas Taleb den Begriff des »Schwarzen Schwans« ein. Damit meinte er nicht die erst spät entdeckte und daher in Europa lange nicht vorstellbare schwarze Variante unseres weißen Schwanes, sondern in Analogie hierzu ein »historisches, ökonomisches, wirtschaftliches oder persönliches Ereignis, das von Beobachtern einerseits nicht vorhergesagt wurde, andererseits massive Folgen hat«.

Doch während man allgemein davon ausgeht, dass solche »Schwarzen Schwäne« schwer vorhersehbar sind, so sind es oft einfach nur unsere Filmarchive, in denen sie nicht vorkommen – oder die statistischen Algorithmen unserer AI, die ebenfalls lediglich auf unserer Vergangenheitserfahrung aufbauen. Denn im Rückblick erkennt man oft einzelne Ankerpunkte, an denen man solche Ereignisse früher hätte erkennen können, wenn unsere Vorstellungskraft sie nicht ausgeblendet hätte.

Indem wir uns immer wieder Zeit nehmen, um uns Entwicklungen vorzustellen, die unserer spontanen Einschätzung widersprechen, und uns diese möglichst detailliert ausmalen, erschaffen wir genau hierfür Bilder, die uns helfen, neue Entwicklungen und Formen zu erkennen, wenn hierfür entsprechende Ankerpunkte entstehen – schon lange bevor sie durchnummeriert sind, damit wir sie richtig miteinander verbinden.

Dies muss keinesfalls dazu führen, dass wir alles relativieren. Je nach persönlichem Lebensumfeld gibt es sicherlich Bereiche, die stabil sind und in denen ein gewisses Maß an Lebenserfahrung durchaus nützlich sein kann. Doch ist es schwierig, sie eindeutig zu identifizieren. Zumindest diejenigen, bei denen wir makroskopische Trends, Risiken und Veränderungen beobachten können, machen in der Regel nicht vor unserer persönlichen Haustüre halt, so sehr wir uns das auch wünschen.

Hierzu gehören insbesondere die massiv veränderten natürlichen Rahmenbedingungen, die immer schneller Ursache für früher unvorstellbare Veränderungen unserer Lebensräume werden. Auch wenn wir diese von der Bank für Internationalen Zahlungsausgleich vor ein paar Jahren als »Grüne Schwäne« bezeichneten Entwicklungen immer noch klein reden, verdrängen oder uns gegen ihre Konsequenzen für uns zu wehren versuchen, sollten wir zeitnah beginnen, uns neue Wege vorzustellen.

Die obige Übung der »kombinierten Unwahrscheinlichkeit« hilft dabei, diesen Prozess zu erleichtern, weil sie uns bewusst macht, dass wir die Konsequenzen konstant unterschätzen und es höchste Zeit ist, sich auf den Weg zu machen, um sich auf Veränderungen vorzubereiten. Sie ist aber keine Voraussetzung.

Jedes Mal, wenn wir das Gefühl haben, sicher zu sein, eine Entwicklung vorhersehen oder -sagen zu können, sollten wir die Gelegenheit nutzen, um mit Hilfe unserer Vorstellungskraft uns ganz bewusst das Gegenteil vorzustellen.

Zumindest dann, wenn uns der Zukunftspessimismus einholt. Denn dann entstehen schrittweise Bilder von Schwänen in anderen Farben, die wir zukünftig erkennen werden, selbst wenn wir nur eine kleine Feder vorbeifliegen sehen.

Glück oder Spürsinn

Wenn Sie jetzt noch an der Sinnhaftigkeit der Imaginationskompetenz zweifeln, so habe ich mir noch einen letzten Joker aufgehoben. Denn mit der zunehmenden Zahl an neuen Bildern im Kopf und dem Erkennen von Zukunftsentwicklungen werden wir hierauf nicht nur besser vorbereitet sein. Wir schulen dabei gleichzeitig das, was im Englischen mit »Serendipity« bezeichnet wird: die Gabe, unerwartete und glückliche Entdeckungen zu machen, die uns genau für diese Zukunft helfen. Denn wir erkennen nicht nur sehr früh die Formen in den neuen Ankerpunkten, sondern auch die sich hieraus ergebenden Chancen für uns.

Dann bleibt Glück nicht nur dem statistischen Zufall (und damit oft anderen) überlassen, sondern wir werden zu Goldsuchern, die sich die neuen Geländeprofile, die Bodenbeschaffenheit und mögliche andere Indikatoren dahingehend genau anschauen, dass sie das finden, was sie sich im Kapitel 5 gewünscht haben.

WIE FANGE ICH AN?

Einladung zum Ausprobieren
Im Dialog der beiden Autoren

Rüdiger Fox: Die Frage, die nach der Lektüre aufkommen könnte, wäre natürlich: Wer sagt mir denn jetzt, was genau ich tun soll?

Wir haben uns ganz bewusst vorgenommen, dass wir nicht zu viele Beispiele erwähnen, sondern gerade so viele, dass sie helfen, den Prozess der Imagination zu illustrieren. Denn es geht nicht darum, sich einen bestimmten Lebensweg vorzunehmen. Das Buch ist dafür gedacht, eine Anleitung zum Ausprobieren zu geben, die genug Hilfestellung und Übungen anbietet, einen ersten Vorgeschmack dafür zu bekommen, mehr Möglichkeiten in sein Leben einzuladen.

Es ging uns nicht darum zu sagen: Wenn sich die Welt etwas Bestimmtes vorstellen würde, dann wird etwas bestimmtes Besseres passieren, sondern hier ging es uns ganz bewusst darum eine Anleitung zu erstellen, die jeder nehmen und darin etwas Neues finden kann.

Im Kapitel 4 hatten wir dazu noch den Einstieg, die Leser:innen aufzurufen, sich auch noch einmal Gedanken darüber zu machen, was sie wirklich im Leben wollen. Hier liegt auch die Herausforderung, nicht einfach ganz schnell ins Handeln zu springen, sondern sich auf dem Weg schrittweise Gedanken darüber zu machen, was man wirklich möchte.

Als Futter für die Skeptiker die sagen: »Na ja, die theoretisieren« hätten wir auch bücherfüllend über eigene Beispiele berichten können, um zu zeigen, dass Imaginationskompetenz funktioniert, dass wir Dinge erlebt haben, die selbst bei aller Vorstellungskraft zunächst ein bisschen Wackeln im Bauch erzeugt haben: Ob das wirklich klappt? Und die dann geklappt haben.

Peter Spiegel: Wir wollen letztlich mit unserem Buch erreichen, dass möglichst viele Menschen aufbrechen und in die Weiterentwicklung ihrer eigenen Innovationskompetenz einsteigen. Diese Welt braucht heute dringend ein paar Milliarden Visionäre und nicht länger nur ganz wenige.

Rüdiger Fox: Genau, und zwar in der vollen Vielfalt des Individuums. Das wäre meine Wunschvorstellung einer Zukunft. Wenn wir lernen, richtig in uns reinzuhören, ist unser Bild einer Zukunft immer ein wenig anders als wenn es unser Nachbar tut – oder auch mal sehr stark anderes. Aber erst aus dieser Vielfalt entstehen die Möglichkeiten, ja auch der Möglichkeitsraum einer alternativen Zukunft zu derjenigen, die uns erwartet, wenn wir einfach nur so weitermachen wie bisher im immer schneller drehenden System oder wir uns kaum noch bewegen können innerhalb der verfügbaren Möglichkeiten. Wir wollen einfach ein paar Löcher in diesen Gedankennebel reinbohren und sagen: Stellt euch doch die Zukunft einfach einmal anders vor, so wie ihr es haben wollt – und dann fangt an, euch dorthin zu bewegen.

Dabei haben wir ganz bewusst offengehalten, in welchem Lebensbereich die Imaginationskompetenz eingesetzt wird. Das Werkzeug an sich ist umfassend einsetzbar. Unsere Anleitung ist lediglich verbunden mit der Aufforderung, genau hinzuschauen, bevor man sie einsetzt.

Und doch sehen wir – ähnlich wie bei einem Beipackzettel in einer Medikamentenbox – es als unsere Verantwortung an, im Nachwort zu erwähnen, was passieren kann auf dem Weg – und welche Nebenwirkungen dabei entstehen können.

Peter Spiegel: Genau.

Rüdiger Fox: Und da gibt es sicherlich ein paar. Eine haben wir bisher vermieden zu erwähnen. Aber man wird natürlich häufig erst einmal schräg angeschaut, wenn man seiner Vorstellungskraft die Fesseln des Autopiloten abnimmt. Man muss sich also zunächst darauf einstellen, dass Menschen befremdet sind von Anderen, die sich etwas Ungewohntes vorstellen.

In Kapitel 2 habe ich es ja angedeutet: Ich bin davon überzeugt, dass Optimismus keine beliebige Entscheidung ist, sondern ein notwendiges Korrektiv für unser evolutionäres Gehirn, das evolutionär dazu neigt zu versuchen, uns zu schützen und dabei unsere Amygdala allerdings in der heutigen Welt komplett übertreibt, wenn sie Gefahren simuliert. Imagination ist also gleichzeitig die Aufforderung zum Optimismus und einer positiven Zukunftsvorstellung – und Optimisten werden häufig ein bisschen schräg angeguckt.

Die zweite Nebenwirkung, die ich einfach so mitgeben will: Imaginationskompetenz hat Suchtpotential. Man muss sich einfach klarmachen, wenn man das erste Mal erlebt hat, dass man sich etwas vorstellt, an das keiner glaubt (und alle Freunde schauen einen schon schräg an) und dann passieren Dinge auf dem Weg, mit denen man selber kaum wirklich gerechnet hat. Das ist schon ein emotionaler Kick, an den man sich gewöhnen kann. Es ist eine positive Nebenwirkung, auf die man sich aber einstellen muss. Man bekommt auf diesem Weg Mut, mehr zu machen. Also zumindest ist das unsere Erfahrung und wir wünschen einfach jedem Leser, dass er hinterher das Gleiche erlebt, wenn er es für sich ausprobiert.

Dadurch wird das Training der eigenen Imaginationskompetenz allerdings schon zu einer Lebensentscheidung, die so ein bisschen wie die rote und blaue Pille aus dem Film »Matrix« ist: Wenn man mal die Nebenwirkungen erlebt hat, dann gibt es kein Zurück mehr. Wenn man mal gemerkt hat, dass es im Leben auch anders geht, ist es ganz schwierig, sich wieder in ein gesellschaftliches Standarddenken einzufügen, weil man reflexartig trotzdem immer wieder darüber nachdenkt: Wie wär's denn, wenn es anders ist?

Und genau das wollen wir ja eigentlich erreichen. Wir wollen genau dazu motivieren. Aber es hat auch etwas Revolutionäres.

Peter Spiegel: Ja, der Begriff Sucht, den kann man ja auch ganz anders aufgreifen. Man *sucht* lebenslänglich nach immer besseren Antworten.

Rüdiger Fox: Man sucht Potential mit Suchtpotential. Ja, okay.

Peter Spiegel: Und das ist dann eben auch der Effekt. Mit dieser Art von Sucht kann ich eigentlich gut leben. Absolut. Und ich glaube, damit kann tatsächlich jeder Mensch in diese Richtung einsteigen und dieselben Erfahrungen machen. Aber natürlich wird ihm dadurch nichts geschenkt, man wird nicht automatisch befreit von allen Problemen und Herausforderungen, Unvollkommenem oder Fehlerhaftem.

Es fehlen immer wieder noch wichtige Aspekte, die wir noch nicht erkannt haben, noch nicht erlebt haben, noch nicht besser beantwortet haben. Wenn man sie erkennt, ist man deswegen nicht befreit davon. Es ist eher zunächst so, dass man neue Herausforderungen gewinnt mit diesen Tools, durch die man seine Imaginationskompetenz immer weiter entwickeln kann.

Hierzu braucht man eine andere Haltung zu Problemen. Probleme sind schlicht und einfach ganz nüchternes Feedback, das Feedback der Wirklichkeit. Und für Feedback, das man noch nicht hatte, sollte man dann schlicht und einfach dankbar sein. Man sucht in dem Fall dann eben einfach nach neuen Antworten – besseren Antworten.

Muhammad Yunus hat es so schön auf den Punkt gebracht, als er gefragt wurde: Wie macht er das in Bangladesch? Ein Land mit so vielen Problemen? – »Wir haben uns entschieden, Probleme als Rohstoff für die Entwicklung von besseren Antworten, von Innovationen zu verstehen«, war seine Antwort. Diese permanent imaginationsoffene Haltung schafft eine ganz andere Beziehung zu diesem nur scheinbar nur problematischen Teil des Lebens. Mit Problemen wird man immer wieder zu kämpfen haben, aber wir können sie Zug um Zug transformieren von Leidstoff zu Treibstoff.

Rüdiger Fox: Ja, und ich glaube, es ist auch so etwas wie ein Gesamtpaket. Wir schreiben Imagination drauf. Aber damit einher gehen natürlich auch Perspektivwechsel, die sich automatisch zeigen werden. So gibt es nämlich kein Scheitern mehr. Also in meiner Vorstellung gibt es da kein Scheitern mehr, weil selbst ein Plan, der nicht aufgeht, einen Schritt in jedem Fall in eine Richtung mit sich bringt, der vielleicht nicht so groß war, wie man sich erhofft hat. Aber es ist ein Schritt. Insofern ist das so ein bisschen wie die Frage: Gibt es Krankheit und Gesundheit? Und ist nicht Gesundheit lediglich eine Perspektive auf ein Leben und gleichzeitig eine Zone mit vielen Grautönen? Niemand ist ganz gesund und niemand ist ganz krank.

Sind wir nicht eigentlich auch hier irgendwo dazwischen? Etwas Neues ausprobieren, vornehmen und machen, wenn man es nicht verbissen macht, sondern wenn man wirklich diese Zukunftsvorstellungen einfach aufrechterhält, weil man davon überzeugt ist, man leistet einen Beitrag. Dadurch wird es fast zu einer Erfolgsgarantie und ein Scheitern ist unmöglich.

Peter Spiegel: In Bayern gibt es das schöne Sprichwort: »Scheitern macht g'scheiter.« Dabei geht es tatsächlich um einen Weg von Haltungsänderungen zu Grundfragen des Lebens – zu Problemen und zum Scheitern haben wir dies als Beispiele angeführt. Aber das Phänomen zieht sich durch unsere Wahrnehmung für sehr viele unserer Schlüsselbegriffe rund um unsere Schlüsselkonzepte. Diese wandeln sich letztlich dahingehend, dass sie alle nützlichen, wertvollen Bereicherungen sind auf unserem Weg, wenn wir immer wieder neu prüfen und kalibrieren, wohin wir wirklich wollen. Aufgrund der Bedeutung des »Wohin« und des »Wozu« sollten wir dann in Zukunft sogar von der »Wozu«kunft sprechen. Das ist eigentlich die Art von Zukunft, mit der wir uns persönlich und für alle unsere Aufgaben aufstellen sollten. Das führt uns am stärksten weiter. So jedenfalls ist mein Lebensstil.

Rüdiger Fox: Definitiv und das ist letztlich das Einzige worauf ich gerne in dem Beipackzettel zum Buch hinweisen würde. Und ich denke, das ist sehr wichtig: Aus den Irritationen, die man wahrscheinlich häufig bekommt, wenn man sich etwas vorstellt, wo niemand anderes automatisch draufgekommen wäre, fordert man seine Mitmenschen heraus und insbesondere diejenigen, die Wegbegleiter sind. Ob das Freunde, Kollegen oder Mitarbeiter sind.

Wir sind darauf jetzt so im Detail nicht eingegangen, weil es, glaube ich, einfach ein Nebenthema ist, dessen man sich allerdings bewusst sein muss: Man übernimmt Verantwortung. Und das sage ich deswegen, weil auch ich das am Anfang sehr stark unterschätzt habe. Wenn man nicht versteht, warum die eigene Begeisterung nicht wie ein Virus auf jeden anderen überspringt, nicht alle mitkommen und dennoch keiner Fragen stellt. Da ist einfach ein Bereich rechts und links vom eigenen Weg, auf den man achtsam aufpassen muss und bei dem man eine Verantwortung übernimmt.

Insbesondere sage ich dies im Wirtschaftskontext, wenn man eine Führungsfunktion übernimmt. Denn es ist nicht selbstverständlich, dass jeder mit kann und möchte. Natürlich möchte und kann man bis zu einem gewissen Grad seine Inspiration auf andere übertragen und dies ist auch gut, solange der Konsens um das Ziel vorher stattgefunden hat. Aber selbst auf dem Weg zu einem gemeinsamen Ziel muss man immer sehr achtsam sein, bis zu welchem Grad die Anderen die Energie aushalten, in dem Prozess mitzugehen. Um sich selbst muss man sich in der Regel nicht viele Gedanken machen, weil die Inspiration, die man bekommt und die Energie aus der eigenen Vorstellungskraft, würde ich behaupten, eher lebensverlängernd als lebensverkürzend wirkt. Aber es ist wichtig, dass man Achtsamkeit entwickelt für diejenigen, die bereit sind, einen nur ein Stück auf dem Weg zu begleiten.

Peter Spiegel: Ich glaube, wenn man mit Imagination arbeitet, für sich selbst und für welches Thema auch immer, dann kommt man in einen Kreislauf hinein, durch den man letztlich alle anderen wichtigen Lebenskompetenzen, alle anderen wichtigen menschlichen Kompetenzen sukzessive mitentwickelt. Je mehr ich beispielsweise bereit bin, Verantwortung anzunehmen und zu übernehmen, desto mehr aktiviere ich meine Imagination und desto mehr mögliche Antworten nehme ich wahr und erschließen sich mir, wenn ich mir immer wieder neu entsprechende Fragen stelle und damit meine Fragekompetenz weiterentwickle. Jede Herausforderung, jedes Problem wird einen dann voranbringen, bessere Antworten zu finden, wenn ich mich auf das Problem nicht in der Weise einlasse, dass ich sage: So, jetzt streiche ich die Segel! Und selbst wenn das auch mal passiert, dann ist auch das eine Art von Krankheit, die man als Chance begreifen und damit zur Chance machen kann. In dem Moment, wo man eine Krankheit oder auch ein Burn-out als Chance wahrnimmt, entdeckt man Chancenpotentiale und nicht selten passiert es dann sogar genau in solchen Prozessen, dass sich aus Schwächen Stärken entwickeln. Dies alles ist für mich in ihrem Kern Imaginationskompetenz, weil man die Vorstellungen, die man hatte, auf den Prüfstand stellen kann, darf und sollte und durch bessere ersetzen kann. Das ist für mich der Kernprozess von Imagination und daher: Danke für Challenges. Danke dafür, dass ich da und dort gechallenged werde, weil ohne Herausforderungen das Leben langweilig wird.

Rüdiger Fox: Ja, ich glaube, das ist der entscheidende Punkt. Imaginationen haben einfach ganz natürlich den Nebeneffekt, dass es nicht langweilig wird. Das ist in jedem Fall so, und gleichzeitig muss ich auch aufpassen. Das Buch fokussiert sich auf die Frage: Was kann ich tun, was kann ich nutzen, was kann jeder nutzen? Also ist es sehr auf die Person, den Leser zugeschnitten im Sinne einer Art Werkzeugkasten mit ersten Betriebsanleitungen, wie ich anfangen kann. Das ist die Idee.

In Bezug auf eine mögliche Warnung oder Nebenwirkung muss ich gerade an einen meiner Lieblingsfilme – Forest Gump – denken. Wenn Forest einmal anfängt zu laufen, kommen immer mehr Leute dazu. Es gibt dann aber auch welche, die nicht die ganze Strecke laufen. Dafür muss man die passende Achtsamkeit entwickeln, denn auch sie verdienen einen hohen Respekt. Es mag bei ihnen die Ursache haben, dass sie andere Ziele haben. Es mag bei ihnen aber auch Erschöpfung sein oder vielleicht nicht der gleiche Begeisterungslevel.

Und ich glaube, das ist so das Einzige, worauf man immer schauen muss. Neben dem eigenen persönlichen Ziel muss man immer davon ausgehen, dass es Andere gibt, die zum Teil überlappend das nachvollziehen können und zum Teil vielleicht nicht ganz. Ich glaube, das ist das Einzige, was bewusst nur ins Nachwort reingehört, weil es primär nicht das Ziel des Buches ist zu schauen, was kann auf dem Weg alles so passieren und wie geht es anderen damit. Primär geht es darum, erst einmal zu lernen, das Imaginieren als Werkzeug zu nutzen. Aber gleichzeitig sollte man sich immer wieder einmal selber fragen: Wer kommt da gerade mit und wer nicht? Wie gewinne ich diejenigen, die eigentlich gerne mit wollen, aber sich nicht trauen, zum Mitkommen? Und wie überfordere ich auch nicht, beziehungsweise wie kann ich respektvoll Abschied nehmen.

Peter Spiegel: Respektvoll, ganz genau.

Rüdiger Fox: Machen und nicht urteilen. Das war ein bisschen auch mein eigenes Lernen auf dem Wege: Warum läuft er nicht weiter mit? Warum gehen sie nicht schnell genug? Um sich diese doch respektvolle, aber auch etwas relativierende Erwartungshaltung anzutrainieren. Aber dies gehört dann wirklich nur als Nebenwirkung in den Nachspann.

Peter Spiegel: Ja, es ist zweifelsohne ausgesprochen wichtig, genau diesen Aspekt sehr im Auge zu behalten und diese Verantwortung als Aufgabe für einen selbst wahrzunehmen. Wenn man den Imaginationsweg in seiner Führung, in seiner eigenen Lebensgestaltung, wo auch immer geht, dann übernimmt man in der Tat diese Art von Verantwortung der Achtsamkeit auch dort, wo jemand einen verlässt in der Projekt- oder Unternehmensverantwortung. Dann geht es um die Würdigung des Menschen und auch von dessen Entscheidung, um Wertschätzung. Das ist Führungsverantwortung.

Rüdiger Fox: Genau. Allerdings kann man in den Momenten der Trennung ja als Ausdruck besonderer Wertschätzung auch unser Buch verschenken. So kann jeder seinen eigenen Weg und seine eigene Geschwindigkeit finden.